南京句容湯山周氏譜系求實

周维林　编著

南京出版传媒集团
南京出版社

图书在版编目（CIP）数据

南京句容汤山周氏谱系求实 / 周维林编著. -- 南京:
南京出版社，2020.9
ISBN 978-7-5533-2994-9

Ⅰ. ①南… Ⅱ. ①周… Ⅲ. ①氏族谱系 – 研究 – 南京
Ⅳ. ①K820.9

中国版本图书馆CIP数据核字（2020）第151760号

书　　名 南京句容汤山周氏谱系求实
编　　者 周维林
出版发行 南京出版传媒集团
南 京 出 版 社

社址：南京市太平门街53号　　邮编：210016
网址：http://www.njcbs.cn　　电子信箱：njcbs1988@163.com
联系电话：025-83283893、83283864（营销）　025-83112257（编务）

出 版 人 项晓宁
出 品 人 卢海鸣
责任编辑 崔龙龙
装帧设计 王　俊
封面题签 周维林
责任印制 杨福彬

制　　版 南京新华丰制版有限公司
印　　刷 南京玉河印刷厂
开　　本 880毫米×1230毫米　1/32
印　　张 6.625
字　　数 112千
版　　次 2020年9月第1版
印　　次 2020年9月第1次印刷
书　　号 ISBN 978-7-5533-2994-9
定　　价 28.00元

南京出版社
图书专营店

树有根水有源，须知先祖贻谋远；

春播种秋收获，愿吾子弟德勤俭。

前　言

古人云："三世不修谱为不孝。"家法坏，谱牒尚有遗风，谱牒坏，人家不知来处，故谱不可不修矣！国之本在家，家之本在身，注重家风建设，关乎国之命运。

自接手写《南京句容汤山周氏谱系求实》一书，已阅数载，一直进展不大，到2018年情况发生改变。为配合江苏省园艺博览园建设，千年古村孟塘将全部拆迁，村庄将完全被推平，祖坟也全部被迁走，我们这些居住于此长达数百年的老家、老姓、老祖坟在这个年份里将会全部消失。我们没有了老家，没有了老根，确实感觉到了什么叫作失魂落魄，什么叫作背井离乡，地图上再也找不到"孟塘村"这一地名了，不免有些悲痛。再者，所有村民都将被分散到各处居住，若干年后，将难以分清楚谁是谁家的后代。人与动物的区别是知道血缘、亲情、伦理道德，多年以后，也不会乱伦、乱辈。这就是中国人的《家谱》文化的一个重要意义。因此，留下一些让我们能记住的东西，编修《家谱》这项工作确实是不能再等了。有了这个念头后，更激励着我要记住这里的一切，尽可能地保留一些原始的东西，以供后人寻根和回忆。在整理祖茔碑刻中，我们进行了拓片，并对文字进行整理分析，竟然获得不少重要信息，为我在编写《谱系求实》一书时提供了第一手资料，又结合实地走访调查，找出了比较清晰的孟塘周氏家族族源，厘清了近百年的家族来源不清的乱象，使本人倍感轻松。因自己的水平欠缺，不能表达万一。希望今后有更大发现时，请后人们予以更正。

另外，笔者还要声明几点：

一、本书所用语句基本是按照笔者的口吻方式，包括称谓；

二、书的内容与对人的评判基本是笔者摘录各类资料的综合，有些不一定准确；

三、家族中的青少年，笔者评判不多，他们还在成长之中，可塑性尚且不定。在“对孟塘周氏的点滴记忆”一节中，对长辈与兄长的评判是不全面的，仅代表笔者个人观点；

四、句容东部地区的宗亲因多年未进行联系沟通，将在今后的家谱里再行填补。

本书还有许多待完善的地方，盼今后能有机会续补求正。

编纂者

南京汤山孟塘周氏第十一世周维林

2019年10月28日

序言一

家史千秋铸中华
——周维林友《南京句容汤山周氏谱系求实》书稿读后

我的好友周维林同志写了一本书，叫《南京句容汤山周氏谱系求实》，他把书稿送我先睹为快，还要让我为这部书写个序，写序不敢，就写点读后感吧。

因为工作关系，我读过不少家谱，但如维林这样做家谱的还真是第一次读到。严格说来，这是一部把家谱和家谱研究有机结合的有关“家史”的学术著作。说到家史，我们得先了解“家”从何而来？从考古学上说，人类历史已经有了六百万年以上，能够制作工具、创造文化的历史也超过三百万年，如果把氏族社会也算作“家”的一种早期形态，再到五六千年前成熟的一夫一妻制家庭产生，“家”的历史实在是太久远了。待到距今五千年左右国家产生时，人类的“家”已经走过不知多少万年的历程，所以我以前在文章中说过，“国”与“家”相比，是先有家，后有国，一个国家，只有每个家都幸福，才有幸福的国。我们中国人讲“家国一体”，但这个“一体”也是要讲家是国之根，是国之基，是国之本，正如古代儒家先贤所云：修身、齐家、治国、平天下。修身、齐家为先，然后才谈到治国、平天下，通俗地说就是“一屋不扫，何以扫天下”！西汉人贾谊说得更明白“民不足而可治者，自古及今，未之尝闻。古之人曰：‘一夫不耕，或受之饥；一女不织，或受之寒！’”道理都一样，“家”对国而言是根本所在，一个优秀的政治家一定是爱民的。中华民族是个看重历史的族群，至少从周代开始，国已有史，著名的“二十五史”便是中国的国史。中国人当然也重家史，家史的主要形态就是家谱，或称族谱、宗谱。比之国史，家史的完整形态大概出现于汉代，此后历代相继，宋代以后几乎家家重谱，以示家族绵延，家道不辍。与家谱有关的还有家祠、家墓、家训、家规、家学、家风、家传等，形成庞大的“家文化”系统。其实，即使在国史中也有家的专史，如《史记》的“本纪”“世家”“列传”以及其他诸国史的相关体例篇章同样如是。重视家庭，重视百姓，重视民心，是治国第一要务，这是基于人性、基于常识、基于事理的要求。正因为这样，我认为维林的书稿虽说写的是南京句容汤山周氏的谱系，然又何尝不是写的乃煌煌“国史”中的一个篇章。这便是我用“家史千秋铸中华”这句话作为拙文题目的用意。

细细品来，维林的这部书稿有三个特点。一是考证翔实；二是文笔真挚；三是提炼精准。下面就这三点略做陈述。

一是考证翔实。前面我们说“家”为“国”之基，然而在国家的宏大叙事中，“家”难免不受国之命运的裹挟而颠沛兴衰。周姓是我国的大姓，甚至是重要国姓，因为周人所立西周政权，是我国历史上寿命最长的王朝，两周相加，竟达800多年，即使汉、唐、两宋，每个王朝亦仅及其约四分之一。没有周王朝的封建制度、礼仪制度等国家文明建设，可能就没有中华民族后来的发展进程，孔子创儒家，编“六经”，包括东周的百花齐放、百家争鸣，其根脉都在西周。汉以后，以“周”为国号还多次出现，可见“周”之影响贯穿中国历史之深远。周氏作为一个大家族，繁衍分析，浩大无比。维林所考，主要是从他们家族的这一支出发，如何尽量找到源头，其实这个工作相当困难，然而借助于曾经从事文博考古的功夫，维林以扎实的辨析考证，居然达到了正本溯源的目的。

我们在书中可以看到，维林从周氏的根脉——黄帝、周原、古公亶父等远古说起，这些在《诗经》《史记》等书中皆有记载，一直找到他们这一支系的起点在西汉的“汝南周氏”。西晋末年发生“永嘉之乱”，中原士人多避祸南下，史称“衣冠南渡”，汝南周氏一支也来到江南。到北宋时，有道州（今湖南道县）人周敦颐（濂溪先生）出现，他是儒家理学思想的开山鼻祖，为著名的文学家和哲学家，他的《爱莲说》脍炙人口。周敦颐正是出自“汝南周氏”，南宋时皇帝追封他为“汝南伯”，元代朝廷又追封他为“周国公”，借助于国家的褒奖，濂溪先生这一支子孙兴旺，分播多地，其中有一支成为浙江诸暨的“南门周氏”，而南门周氏又分一支迁到浙江绍兴后马桥，成为“后马桥周氏”，其始迁祖为周敦颐的第十世孙周澳，到周澳后人周茂——周敦颐的第十三世孙时，南京句容汤山周氏的来源已经相当清晰，因为“后马桥周氏”的家谱中已经有详细载录，也有祖坟遗迹可以为证。这些都是维林花费了数年的专业性劳动，到处奔走考察走访所得，堪称实证。周茂死后就葬在绍兴后马桥村，他的这一支与近现代著名周氏人物鲁迅（周树人）、周恩来等都是一个宗族。

句容汤山周氏支系的直接祖先是周应宿。他是绍兴后马桥周氏家族中周茂的后人，为清代乾隆元年（1736）的进士，据清《乾隆句容县志·名宦传》记载，他在乾隆二年（1737）到江苏句容担任县令，在任上曾以赈灾济民而救治九万多灾民而深受百姓爱戴，但后来他因府署遭盗劫而被罢官，遂隐居到距句容县城二十多里地的江宁汤山孟塘村。周应宿有两位夫人，大夫人留在绍兴老家，二夫人随其在外。在汤山孟塘村南山方冲，周氏祖茔上还有两方碑刻，其中一方为“乾隆三十四年”（1738）所刻，墓主人为周尚贵，另一方是清代道光年间的“孺人”之墓，而周尚贵正是周应宿的儿子，是周应宿的大夫人所生；而这位长眠方冲周氏祖茔的“孺人”为周应宿的二夫人。周应宿作为孟塘周氏的先祖，在清代《嘉庆山阴县志》及马桥的老家谱上也有载录，可以互相印证。周尚贵的后人中还有周聚源、周万顺等名贤，皆有地方庙宇“功德碑”或周氏坟山遗迹可证。维林还考证发现，周应宿的后人不仅居住在江宁汤山、孟塘一带，还分布在句容东北部的东巷、南巷地区。从周应宿始迁汤山孟塘，至今已有300年左右，子孙繁衍已达十四代，可谓根深叶茂，瓜瓞绵绵了。我们在书中能够清晰地领略到句容汤山周氏谱系的来龙去脉，完全是靠吾友维林的精心调研和对资料的考查爬梳，其功已为此书所保存，周氏子孙当不会忘记维林的这份辛苦！

二是文笔真挚。过去我读过多部家谱，文字都是古典式和程式化，但维林这部书不是，全书完全用现代白话文书写，而且言辞简洁，感情真挚。

全书采用章节形式，第一章对周姓追根寻源，涉及中国周氏、绍兴后马桥周氏、南京句容汤山周氏三个层面，由宏观到微观，由主干到支系，逻辑清晰，层次分明。

第二章从文献史料和实物遗存两方面再辨周氏一族的源与流。这一章以周氏人物为核心，展现了家史研究的特点。确实，离开具体的鲜活的个体生命，哪里有“家”的存在？！本章也是先从中国周氏开始，分述宋代以前和宋代以后的杰出宗人，再到孟塘周氏宗亲人物，一一陈说，据实而书，然笔下也流淌着血脉亲情。在那些历代周氏先贤面前，维林持以赞美和敬佩之情，而在自己的祖辈、父辈、同辈和晚辈那里，维林则用怀念、感恩、倾诉之笔法予以实录。

第三章为周氏家族文化研究，这在一般家谱中极少见，是比较纯粹的学术讨论，但也不是板着面孔的说教，而是夹叙夹议，寓情寓理，既分析了周氏家族文化的形成过程，也考述了文化个性特征的主要内容，既有对优秀文化的归纳，又有对文化缺陷的揭示与提醒，这样的写法在旧式家谱中几未出现，是现代富有自觉自省自尊自爱的知识分子才会具备这种自我批判意识和对自我完善的追求。无论是褒扬还是批评，都言辞中性温和，敦朴善诱，表明维林的用意既是对周氏家族文化历史的回顾，更是想借助对这部家谱的纂修考据，让周氏后来者能够从中受益，以扬善去弊，光大门风。这可能是在周氏家族中如维林这样的年龄和阅历的人所蕴含的一片苦心。

书中第四章为相关资料，也是书中不可缺少的部分。包括江宁汤山孟塘周氏世系表、原始墓地及迁墓情况一览、孟塘周氏二十代辈分谱、千年古村孟塘、唐代出土墓志中部分汝南周氏先祖等，具有存史和指导后人的作用。其实，这些也是传统家谱中常见的内容，这说明维林也十分尊重传统家谱的必要规范，同时让本书具有了传统与创新相结合的特点，开创了家谱编修的另一种体例。

三是提炼精准。所谓提炼，我指的是维林在书中对周氏家族文化特征的提炼。中国的家谱或家史，不仅仅是一种纪实文字，更是一种家族教育资料和家风驯化的教材。过去人们认为编家谱是为了光宗耀祖，其实“光宗耀祖”又何尝不是一种激励后人的家族教育方式，而本书虽然也介绍了许多周氏杰出宗人，包括从三千年前的古公亶父直到明清时代的一系列人物事迹，如西汉汝坟侯周仁、东汉汝南郡决曹掾周燕、东汉零陵太守周嘉、东汉大鸿胪周举、西晋侍中周浚、东晋尚书左仆射周顗、东晋中兴名将豫章太守周访、隋朝大将军周罗睺、唐朝宰相周墀和周允之、北宋大儒周敦颐、南宋国子监博士暨浙江诸暨“南门周氏”始祖周靖、绍兴周桥周氏始祖暨周敦颐十一世孙周澳、周敦颐十三世孙暨绍兴后马桥周氏始祖周茂、孟塘周氏始祖周应宿、周应宿之孙周聚源等，但这种介绍的目的是用人物的实例总结出周氏族人在数千年发展历程中形成的带有个性特征的家族文化，维林称之为“仁义道德，忠孝谦让；重视教育，诗书传家”。客观地说，这些优秀品格既是周氏家族的文化传统，也包含了中华民族千百年来无数家庭的追求，当然，它在周氏族人中表现得更为突出。这种优秀文化还成就了近现代一大批周氏族人，如周树人（鲁迅）、周恩来、周馥、周学熙、周仁、周培源、周有光、周汝昌等。依维林所说，周氏族人长期积淀形成的优秀文化特征也是周姓人的强大文化优势，成为周氏家族中历代人才辈出、造福社会、青史留名的强大动力。依我看来，这既是对周氏家族文化的一种总结和褒美，更是对周氏族人的一种号召和激励。这正符合家谱的重要功能之一。让我特别感兴趣的是，维林还不护短，敢于说出“家丑”，他在书中专列出周氏族人“周氏性格优劣与《家训十条》”一节，提出存在的十个方面的不足，包括周姓人慢半拍，不愿争先；过于“较真”；“碍于面子，勉强出头”；太相信“命运”；天资平平却欲望颇多；“急于表达，言未达意”；“脾气躁，性子急”；太好说话而缺乏原则；不愿麻烦人及不太善于和外人沟通等等。既直面缺陷，毫不隐讳，但又出言谨慎，语重心长，我读了之后也是心有戚戚，倍感信服。

我与维林从20世纪80年代就已相识，又都在文博考古领域工作，他在江宁博物馆任馆长时，我们于学术事业上互相支持，友情纯真。过去，我读的都是他的文博考古的文章，这是第一次读他的家谱史著，读完之后，掩卷而思，感觉他退休之后对人生、家庭、家族、家史、家风等有了更多更深的思考，他把这种思考转化为书中的文字，不仅履行了他这代人对家族的责任，也体现了一位现代知识分子对中国“家文化”的传承与创新的强烈关注。借此机会，我对维林要表达朋友间的敬佩之意，也对维林的周氏家族表示我衷心的祝福！

贺云翱

2020 年 3 月 10 日

（贺云翱，现任第十三届全国政协委员、南京大学历史学院教授、博士生导师，南京大学文化与自然遗产研究所所长，江苏省古陶瓷研究会会长）

序言二

《南京句容汤山周氏谱系求实》序

中华典籍浩如烟海，国史、方志、家谱是其中泱泱大类。家谱或称宗谱，又有统谱、房谱、支谱、家乘之别。作为专门记录家族渊源、支脉传承、迁徙流布、世系繁衍、人物事迹、宗规家训、宗祠茔地等内容的特殊史籍，对于普通民众来说，家谱可以助人正本源、详世家、别亲疏、明人伦，可以强化宗族内部的向心力和凝聚力。其精华部分，对于当下弘扬优秀传统家族文化仍大有裨益。毫无疑问，数量巨大的家谱是中华传统文化的重要组成部分，是研究历史学、方志学、社会学、人口学、民族学、遗传学等学科极为珍贵的资料宝库。

“姓”是家族的核心标志，据窦学田所编《中华古今姓氏大辞典》，我国古今姓氏至少有12000个之多。在如此之多的姓氏中，周姓是源远流长、分布广泛、人口众多的巨姓。2020年1月20日，根据大数据技术对全国户籍人口的统计分析，公安部户政管理研究中心发布了《2019年全国姓名报告》，其中周姓总人数在全国排名第10位。《元和姓纂》《通志》《万姓统谱》等多种典籍的记载表明，周姓姓源复杂，郡望堂号众多，政绩勋著、名垂青史者代不乏人，其主干系出黄帝，源自姬姓，被认为是西周文王之后裔。其中浙江绍兴周氏一族被认为是宋代理学大家周敦颐的后代，其崛起和兴盛虽晚至明清之际，但近现代以来却涌现出不少著名历史人物，最杰出者如一代伟人周恩来、鲁迅（周树人）等。绍兴周氏后世又分衍为鱼化桥、竹园桥、覆盆桥、圆通寺、宝祐桥、后马等若干支。后马一支明清两代人才济济，仅《嘉庆山阴县志》所列的名人即有周端、周述学、周洪谟、周懋谷、周长发、周宾雅、周炳曾、周应宿、周大枢、周铣、周钺、周镶等，所出进士至少有三位，且多有文集传世，故当地曾有"张溇多旗杆，后马多师爷"的民谚。

因家谱对国人尊亲、敬祖、收族具有无可替代的重要价值，明清时期民间修纂家谱已极为普及，几乎家家户户皆有谱牒。然近世以来频繁的战乱、风雨等人为及自然的灾害，致使相当一部分家谱毁失，所存者不及十一。随着经济社会的高速发展，特别是对传统文化的逐渐重视，近年来家谱重新回到人们的视野，新修家谱蔚然成风,学者名士亦加入其流。吾友周维林先生编修《南京句容汤山周氏谱系求实》即其一例。

我与周维林先生相识于1994年，屈指数来迄今已达26载。他虽年长我13岁，但无论是工作上的往来，还是闲暇时的交游，我们都坦诚相待，绝无世俗的客套，故可称为忘年之交。他是汤山孟塘人，曾长期担任江宁区博物馆馆长，在江宁地方文物考古、历史文化等领域颇多建树，是一位深受南京文博界尊重的老专家，虽已退休多年，但我一直亲切地称他“周馆”。据书稿介绍，孟塘周氏一族原有旧谱，为周馆曾祖周支显主修，可惜其父辈在躲避日军侵华战争的“跑反”中全部遗失。有感于此，早在十年前，受家人委托，他就有意发挥其专业特长，开始多方搜集与修谱相关的资料。2018年7月以来，因经济建设的需要，其祖茔远迁他地，乃至祖籍地千年古村孟塘也将要“彻底被拆迁”，他因“对这里的一草一木都有着刻骨铭心的情感”，遂发愿加快编修家谱，以探溯孟塘周氏之本源，为后裔留存一份经过严谨考订的可信家史。

我不是谱牒学领域的专门家，但因为专业所及、兴趣所在，深知家谱纂修之艰辛，尤其是此类没有旧谱依托的新修。受材料限制，加之世遥难考，新修家谱最大的难点在于考辨先世。周馆知难而进，退而不休，多番冒酷暑前往江西及浙江绍兴后马桥等地开展族源及相关史迹的调查。他根据来自父祖的口述资料，绍兴《后马周氏家谱》及《乾隆句容县志》的相关记载，特别是孟塘发现的清嘉庆十九年（1814）庙宇功德碑及其祖茔多通周氏先祖墓碑的铭文线索，最终推考江宁汤山孟塘及句容东巷、南巷一带的周氏一族皆属绍兴后马周氏之传人，其始迁祖乃清乾隆初年的句容知县周应宿。他还进一步推测周应宿因故罢官后，没有回归后马故里，而是选择在距句容县城仅约10公里的汤山孟塘隐居下来，终以子姓蕃盛。由于以上证据链比较完整，相关推断符合逻辑，故是书关于孟塘周氏族源及始迁祖等推论应该没有疑问。

综合史籍记载可知，孟塘周氏的始迁祖周应宿，字念山（或记研山、宋为），号葆山，绍兴后马村人，清雍正七年（1729）举人，乾隆元年（1736）三甲第134名进士。性爱读书，精画松石，所著有《葆山诗钞》《学易快编》等。乾隆二年，他由翰林院庶吉士改为句容县知县。在任多惠政，有循良之声，曾获通省之表彰。乾隆五年（1740），因县库被盗一空而遭罢官。上司为其抱屈，愿为之代赔款项，民众亦皆为之不平而泣涕。其后，他留居句容数载，日以授书为乐，《乾隆句容县志》卷七称之“先之以父母之慈，而继之以师友之谊，至今有遗颂焉”。《清高宗实录》卷六百二十三的记载显示，他在乾隆二十五年（1760）之前已离世。

由于旧谱缺失造成的资料严重不足，新修的《南京句容汤山周氏谱系求实》难免存在一些遗憾。就其体例来说，它还不是一部严格意义的族谱，而主要是江宁汤山孟塘周氏一族的家传。尽管如此，主修者仍然严格按照“知者录入，不知者可考证推断，不可妄下结论”的原则，仅收录了他所调查搜集的孟塘周氏祖茔碑刻中有名可知的清乾隆以降的族人，对仅有口耳相传资料佐证的句容一带的周氏同族不贸然妄录，也没有生拉硬扯攀附同姓历史名人，其始迁祖仅据实追溯到有罣官瑕疵经历的前清乾隆初年的句容知县周应宿。这是一种极其负责的科学态度，与自宋代以来一般修谱者往往不加考察穿凿附会前朝名家旧阀以标榜虚名的作风大不相同，值得充分肯定。此外，主修者以第一人称的口吻和角度编写其家传，明显不同于一般的家谱，这虽然是不得已而为之的尝试，却也让人有一种耳目一新的亲切感。

《南京句容汤山周氏谱系求实》即将付梓，此于日夜寄情的修纂者周维林先生何其快哉！此于耿耿于遗失旧谱的孟塘周氏一族又何其幸哉！庚子年前的11月底，主笔周维林先生托人送来书稿，嘱我抽空赘言于开篇。除了表示祝贺外，再遵命写下以上读后感言，聊充为序。

王志高

2020年1月30日题于金陵城南

（王志高，南京师范大学教授、博士生导师、文物与博物馆学系主任；原南京市博物馆考古队领队、主任；江苏省有突出贡献的中青年专家）

序言三

记得20年之前，大哥维明退休后从新疆回宁探亲，我们兄弟几个人在孟塘老家一起欢聚。当时，大哥的儿子周成已在新疆维吾尔自治区人事厅上班，大哥非常开心，老人有言："养儿胜过父，犹如开当铺"，毕竟自己儿子有了出息。这时的大哥就想做两件事，第一，人一旦死后，墓前面要放置辟邪之物，谨防小人作恶；第二，我们孟塘周家，在这里居住有几百年的历史，虽然太爷爷曾写有家谱一部，但却因日军侵略中国时三次放火烧毁孟塘村，致使家谱毁于当年。如今，自己这一支在几千里之外的新疆，若干年之后岂不是连自己的出处都不知道吗？因此，趁着如今兄弟姊妹都在一起（除老三维生已去世），我想在我们这一代能否把家谱重新整理出来，这是大哥当时的个人想法，我本人也有同感，而且认为大哥的想法能够代表大家的意愿。但是，由谁来主笔？父辈们曾经听太爷、爷爷说过家谱的一些内容，但当时他们的年龄都比较小，仅仅记得祖辈是从江西过来的，曾经有祖上还做过大官。另外还记得，孟塘周家与句容的南巷、东巷等地的周家是一个宗族关系等大致的简单情况，其余什么都不知道了。大哥说要重写家谱，我们谁都不敢接这个茬，因为都知道此事太难了。我们你一言他一语地说，最后，把事情集中到老四维林的身上，认为维林是在博物馆工作，应该懂这一行。当时，老四也确实很为难，因为他知道：树有根水有源，孟塘周家是哪一个周氏支系，没有原来老谱作依据，必然会与中国的许多家谱差不多，随便从姓氏中找几位官儿大的、名气大的历史名人作为自己的先祖，以充当门面，这样，很不科学、其可信度很差。然而，当时老四的心里想法并没有表露出来，也没有反对，毕竟现状在那里，你是从事文博工作的人员，你不出力谁出力呢？当时我还鼓励老四说："孟塘彭家每隔几年便召集人聚在一起吃一次饭，各自将自己家新出生的人上报登记载入家谱便可以了。"但无论如何也没有想到，他们彭家有现存的老谱，他们写谱不需要重新追寻根源。我们周家不可以，我们没有老谱，我们把事情想得比较简单了。

四弟维林，在近十几年的收集资料与考证中吃了不少苦，花了不少精力与金钱，终于把孟塘周氏家族的族源关系弄明白了。他的考证还得到了专家、学者的认可，真是办了一件大好事。他还对周氏家族的文化特点、性格特质等进行综合分析，指出周姓人的优点与不足，以便让周氏后人知道应该发扬什么、克服什么，这些都是难能可贵和用心良苦的。

另外，千年古村孟塘，因江苏省园艺博览园建设需要，被完全地推平了，彻底地改变了孟塘村的原来面貌，令我们这些居住在这里几十年的老人也不认识孟塘村了，而四弟维林，在编撰这本书时，特意手绘了一张孟塘村原图，使我们这些老孟塘人看了格外亲切，使我们想起了许多往事，这是给孟塘村的后人们留下的一份珍贵的历史资料，其功德至伟。

在此，我代表大哥及兄弟姊妹向四弟维林致以感谢，也代表老孟塘村人对维林的辛勤劳作致以感谢！

作为二哥，因水平有限，不敢称作序言，仅将当初实情讲出，以全初心，谨此。

南京汤山孟塘周氏第十一世周维星

2020 年 5 月 8 日

目　录

第一章　追根寻源 1

第一节　周姓的形成 3

第二节　汤山孟塘、句容等地周氏祖先探源 9

第三节　从文化传统方面论述
绍兴后马桥周氏后人 13

第四节　周应宿及后人的族葬地——方冲 37

第二章　史料与实物论证其族源 45

第一节　周氏杰出宗人简述（宋代之前） 47

第二节　周氏杰出宗人简述（宋代之后） 67

第三节　孟塘周氏宗亲及部分人员简介 75

第三章　周氏家族文化研究 135

第一节　周姓家族文化的形成与个性特征考述
.... 137

第二节　周氏族人个性中的优秀部分
与应注意的部分 147

第三节　周氏性格优劣与《家训十条》 155

第四章　相关资料 161
第一节　孟塘周氏世系表 163
第二节　原始墓地及迁葬情况一览 166
第三节　汤山孟塘周氏 20 代辈分谱 168
第四节　千年古村——孟塘 170
第五节　唐代出土墓志铭中部分汝南周氏先祖 177

后记 181

第一章 追根寻源

第一节

周姓的形成

“周”字在《汉语大字典》中有21种含义，起初是一个象形字，表示田间阡陌纵横，中间种植有繁密的庄稼，表明“周”最初是与农作有关，而“周”姓人的姓氏，其实与周朝有关。

周姓最早的祖先是传说中的黄帝，黄帝所在的部落主要居住和活动在姬水流域，因此以“姬”为姓。传说黄帝通过“阪泉之战”打败炎帝，成为天下各部落联盟的首领，被尊为“天子”，去世后葬于桥山（今

黄帝像

陕西黄陵县，桥山黄帝陵现为全国第一批重点文物保护单位。此处有黄帝亲植的一棵老柏树尚存活，壮观无比，十分震撼，本人曾在此跪拜过先祖陵，并带回一抔黄土，放入父亲坟上）。

黄帝有25子，经若干代传承，到后稷时已经有了发达的农业，此时本部落的势力与人口都有了很大发展。后稷因在农业方面的特殊贡献，死后被人们尊为农神。现今，在陕西武功里东门外，还有相传是后稷教导人们种植庄稼的地方，并砌有长方形平台，以纪念这位农神。后稷死后，其子不窋（音烛）仍在夏朝为农业官。但夏朝统治者不重视农业，废除了农官，不窋就带领部落民众迁徙至泾水一带，仍以农耕为主。不窋卒，儿子鞠立，鞠卒，儿子公刘立，所处时代大约是在夏末商初，迁徙到豳（音邠），即今陕西彬县、旬邑县一带。仍从事农业，过着较稳定而富足的生活，远近百姓都前来投靠，出现了中兴的局面。经过八代，传至古公亶父。

古公亶父继续以发展农业为主，并积德行义，深受民众拥戴。为了找一块更加安定地方，他率领族人离开了豳地，最终定居在岐山脚下。这里有一片宽阔的平原地带，因此，古人称“周原”。

周原位于今陕西关中平原的西部，地理环境十分优越，适合农业发展，水资源丰富，土地肥沃，古公亶父便在此地建城设邑，建立起自己的地方政权，周边各部族纷纷归附加盟，实力迅速强大起来。周原因其是周族的发祥地而著称于世，有“凤鸣岐山”一说（近年来，考古学者发现了许多大墓都证明了这一切）。

古公亶父像

古公亶父迁居岐山之阳的周原之后，历史上就有了“周”这一族。但他们有自己的担忧。担忧什么呢？继承人的大事。谁来掌握这族人命运事关重大。他看出三儿子季历的孩子姬昌聪敏好学，品行好，有意立季历为嗣，以便传位于姬昌，但当时按照古代兄终弟及的继承原则，季历排行第三，怎么也轮不上他。这使古公亶父非常焦虑。

泰伯、虞仲（老大、老二）体察到父亲的心思，遂假托为父亲采药之名离开了故乡，来到了南方的“荆蛮之地”，先在宁镇山脉（考古发掘与调查证明，江宁横山陶吴一带有一系列大墓，都与这一时期的历史有关），后又到无锡一带，兄弟二人按照当地的风俗，断发文身，自号“勾吴”，并在南方地区建立了政权，号称“吴”，古人以国为姓。因此，吴姓人也是姬姓的后代，与周姓同一个祖先。

今天，我们从政治大局上分析：这是一个巨大的政治谋略，古公亶父让兄弟二人到南方发展自己的政权，以逐步取代殷商。周人的势力不断向外发展，引起殷商政权的不安，遂借口将季历杀害。

季历死后，其子姬昌继位，继承西伯侯之位，故称西伯昌。西伯昌十二年，姬昌称王，史称周文王。此时的纣王荒淫残暴，国内暴动时有发生。但姬昌仍发扬家族遗风，仁政爱民，许多大臣都纷纷弃商归周，仁政与暴政形成鲜明对比，纣王对西伯产生了猜忌，将姬昌囚禁在“羑里”（羑，音有，今河南汤阴县北），差一点送了性命。囚禁期间，姬昌刚好有时间看书和研究，这期间，相传他写出了著名的《易经》，并流传至今。西伯获得释放后，更加实施仁政，获得大量土地和人口，以至“三分天下有其二”。姬昌死后，谥号文王。后来，他的儿子武王姬发兵讨伐商纣，取得胜利，建立了周朝。但是，周姓并非周朝建立时即出现，此时仍然是“姬”姓。当时的姬姓之国有53个之多，直到秦灭六国，实行大一统，许多子孙缅怀先朝功业，便各自以国为姓，这样，“周”姓才算真正出现了，这就是周姓的来源。

周姓自古至今都是我国的一个大姓，北宋《百家姓》中“赵钱孙李、周吴郑王”，周姓就排到了第五。据20

图三 画像砖拓片(1/5)

图四 画像砖拓片(1/5)

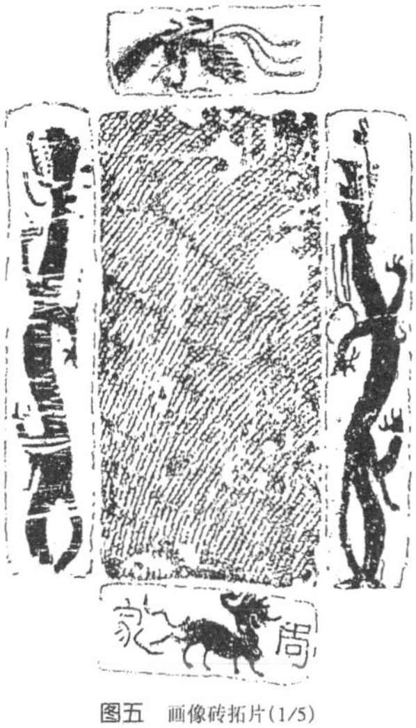

图五 画像砖拓片(1/5)

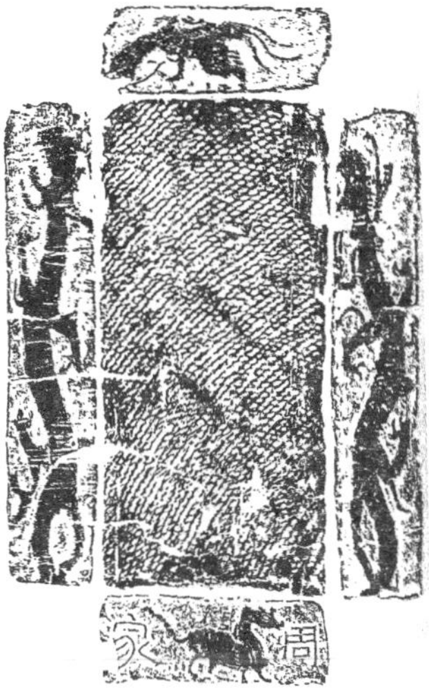

图六 画像砖拓片(1/5)

周家砖拓片

世纪 90 年代统计，当代周姓人口在全国位居第九，达 2544 万人，占全国人口 2.02%，且主要分布在湖南、湖北、江苏、四川四省。这四省周姓人口又占全国周姓人口的 46%。在江苏南部和上海地区，每平方公里的周姓人口达 10 人以上，形成沿长江的高比例周姓分布区域。

从黄帝到建立周朝，再到周平王建立东周（河南洛阳），一直到所有分封的诸国均被秦始皇统一，周朝的血脉依然是存在的，人们习惯上仍称“周家”，并世代相传。本人在江宁区的将军山（古称观音山）一座西晋墓中的出土文物中曾发现有一些铭文墓砖，上面就模印有“周家”二字，并有龙纹。此砖从一个侧面证明周氏当时已在南京地区落户，而且这一族人有一定社会地位，否则他们不会拥有这样好的一片家族墓地。以上内容简单介绍周姓的来源及大致情况。

第二节

汤山孟塘、句容等地周氏祖先探源

上一节“周姓的形成”讲述了周姓的来源过程，但没有证据证明南京汤山孟塘及句容等处的这一支周氏祖先是源于哪个周姓（这一带的一部分周姓是一个宗族，原始家谱上面有记载）。父辈们留下的四部宗谱是太爷爷周支显（清末举人或秀才）所写的家谱。这四部家谱在1937年日本人侵略中国时，父辈们在“跑反”中全部遗失，仅听他们讲过其中的一些内容和信息，但当时他们都很小，识字也不多，记忆也较为不清。但凭着这些信息为我编写宗谱指出了大致方向：第一，指出了我们祖辈是从江西迁徙而来的（源自周敦颐）；第二，告诉我们祖上有一位做过大官，是大学士，还有几位是“进士”出身，做过官；第三，周家世代以教书为业，直至太爷爷、爷爷时仍然都是。太爷爷曾是举人或秀才出身，做过官，有资格教书，父辈们从小就知道，当地人习惯称他私塾先生；第四，孟塘周氏从现在仅存的清代碑刻里也可看出，碑上刻有“清故□孺人”“方老孺人”等字样，太爷（周支显）是做官之人，但仅为七品县令之类的小官，后以教书维持家道，再后来，爷爷（周思孝）也是以私塾先生为业。因此，孟塘周氏也可称是书香门第。

有以上的信息资料，本人在编写这部家谱时，便不是无源之水，不需远附攀缘，而是基本有了切实传承。本人是考古专业出身，从事文博工作20余年，“不敢远引而乱系，又不敢殒越而遗愆”。我编这部家谱秉承的基本原则是尊重资料和科学分析，以客观事实为出发点，又通过近几年资料收集，通过汤山附近祖坟的碑刻遗存资料（主要是孟塘南山方冲的祖坟碑刻），还通过周家人的个性遗传、形象遗传等等，综合起来分析，得出了比较科学的汤山孟塘周氏本源祖先的基本结论。

南山方冲祖茔

值得一提的是：时间到了2018年，江苏省园艺博览园在汤山孟塘一带兴建，孟塘这一千年古村被拆迁，所有涉及的老祖坟也必须迁移，周家几百年的祖坟也在迁移对象之中。迫于形势紧急，编者与家人对祖坟的碑刻进行了拍照并对拓片进行整理，之后做了文字分析与考证，弄清了我们这一支的始迁祖周应宿的来历。编者曾亲自前往浙江绍兴的后马桥周氏聚集地西周村、东周村实地访问调查，得到周尚贵是周应宿之子的《周氏家谱》之确证。这是近几年来收集资料中的最大收获。弄清了我们这一支周氏的源流问题。当然，今后，如果谁能够拿出更多的证据补充或推翻我的结论，将是更好的事情。所谓“慎终追远”，周氏历史源远流长，在编写过程中做到尽可能地准确，以免贻笑大方。

根据现代科学研究，DNA是会遗传的，无论你是多少代传人，一定有祖先的遗传因子，有些个性方面的遗传会特别明显。

编者也通过公安部门的朋友了解，并想采用DNA来比对，但因为年代久远，多代的血统混杂，已无法进行科学比对。但是，通过多年研究，我们发现，大多数周姓人有不少相似之处，如：1. 周氏族人，从相貌上看绝大多数为长方形脸，眼睛不大，浓眉凤目；2. 个性倔强，办事认真，崇文尚武；3. 一般人会感觉周姓人的性格过于耿直，甚至有点“轴”，太过认真，有些时候还比较固执，特别是一旦设定了目标不会轻易放弃，并持之以恒，在一些人眼里会感觉比较另类；4. 早熟，嗓子普遍较好，音调高亮，对文化、艺术有偏好。

从形象上看，只要注意观察，“国”字形脸，嗓子高亮，他们都是正宗的“周”姓之人。所谓正宗的周姓人是因为历史上有不少周氏姓，为皇帝赐姓。这些还都是表面现象，其个性的反映更具有一定科学道理，需要加以研究。由于性格要强，周姓人不是出人头地，便是被踩在脚下，为他人牺牲，但因待人比较真诚，无害人之心，最终都不会有太坏的结果，这也是最好的收效。这些性格特质在周氏后人身上，或多或少都有体现，我们将其总结出来，以利后人多加注意，以便“有则改之无则加勉”。这些遗传性格都来自祖先，编者将在《周姓家族文化形成与个性特征考述》《周氏家族文化研究》一文中详细分析。这一章主要讲孟塘周氏的先祖是谁，是如何发展，如何迁徙的。

第三节

从文化传统方面论述绍兴后马桥周氏后人

孟塘周氏来自汝南周氏，这是编者将有明确记载的汝南周氏进行筛选后，又将我们的始迁祖周应宿的家谱进行前推而得出的结论，而且认为南京句容汤山孟塘一带的周氏为汝南周氏即绍兴后马周氏后人。现在让我们顺着历史沿革往下看，笔者将从家族文化的传承上论述，再结合其个性特征便可知晓。

汝南周氏是周平王东迁洛阳时，封次子姬烈于汝坟，后历经十八世传至姬邕（音拥）。此时，周被秦灭，当地百姓仍旧习惯上称其为“周家”，姬邕因此以“周”为姓，逐步发展为当时的名门望族。至西汉时，周邕的孙子周仁被封为“汝坟侯”，赐号正公。后来迁居汝南郡治安成县（今河南平舆县南），汝南是周姓最早的一个郡望，也是影响最大的一支周姓。将孟塘周姓归宗为汝南周氏有以下几点理由：

西晋“周家”砖

一、以义显名，能舍己为人

据《后汉书》载：西汉汝南周燕，“字少卿，其先出自周平王之后，汉兴，绍嗣封为正公，食采于汝坟”，汉宣帝时担任汝南郡决曹掾，此职是协助郡太守的副官，主管刑罚。史载：当时郡太守意欲处死无辜的在押犯人，周燕极力劝阻，太守不听，将囚犯处斩，并斥退周燕，死者家属不服，上京告状鸣冤，宣帝下诏重审。为了替太守担罪名，他主动要求在审讯记录中加入自己的名字，一切后果由自己承担，结果被捕入狱，受尽重刑，绝食而死。周燕办案公正，刚直不阿，关键时刻挺身而出，保护自己的上司，死后受到世人称誉。

周燕有五个儿子，号称五龙，各居一里，以儒学自立，分别在朝廷做官。至两汉之际，周燕的玄孙周嘉、周畅也在史书记载之中。周嘉在王莽篡汉之际，他与郡守遭到围攻，周嘉用身体保护郡守，并用讲道理的方法化解了危险，获得“忠义”称号。东汉建立后，被察举为孝廉，官拜尚书侍郎，侍奉在皇帝身边，受皇帝赞赏，并诏令娶公主，但周嘉坚辞不肯。不久升任零陵太守。

周嘉的堂弟周畅，生性仁厚慈爱，河南大旱时，饿殍遍野，尸体臭气熏天，周畅派人将死者收葬，其仁爱之心和义举，感动上天，顿时雨从天降，百姓感激，后官至光禄勋。

东汉时，显名于世的汝南安城周氏成员还有周燮、周磐，他们都能洁身自好，不营碌碌功名。虽然他们都是读书之人，但从来不肯为做官奔忙，皇帝知其名，曾以礼相待，也被婉言拒绝。

东汉时，汝南周氏还有周防、周举、周勰等人物显名于世，他们也是周燕后代，行善、有义举，爱学习、博学多识、能权衡办事，有一定政治才能。特别是周举，皇帝认为他忠直，把他的奏书作为好的规谏，放在御座旁时时观看。他不仅对朝廷大事极为关注，处事合理，而且十分爱民，能为百姓利益着想，后来被任命为司隶校尉、谏议大夫。

两晋时，汝南周氏继续繁荣，有周浚“一门三封”之荣，此时他们定居都城建康（今南京）。周顗后裔在东晋、南朝之际，繁衍兴旺，瓜瓞绵绵，其玄孙周朗仕刘宋，以关心国事、多荐良策为世人所知，他所提建议，皆关乎国计民生，大多切中时弊。

南齐时期，周顗第七世孙周颙学识渊博，精通《老子》《周易》，赅详音律。

梁朝时期，周顗第八世孙周舍博学善辩，屡参机密，极得梁武帝信任。难能可贵的是，他一向喜欢谈论，一整天都可以不住口，却不会因此泄露半句国家机密，让人叹服。

梁陈时期，周顗第九世孙周弘正玄儒皆精，以忠直知名。其弟、侄皆存名于世。周弘正在陈宣帝时，又重领国子祭酒，太建五年（573）加任尚书右仆射（即宰相之职）。

整个魏晋南北朝时期，战乱频繁，社会动荡不安，人口大规模迁徙。汝南周氏也一样，大多向南方迁徙，其中一支定居寻阳，称为寻阳周氏。寻阳周氏最有代表性的人物是周访，他忠于晋室，屡建功勋。到南朝后期及隋朝，寻阳周氏又出了一位大将周罗睺。他文武双全，战功卓著，死后追赠柱国，右翊卫大将军，有《隋周罗睺墓志》为证。

汝南周氏南迁于庐江，形成新的郡望，是周氏八望之一。迁居此地的周氏，尊汉汝坟侯周仁为始祖，这支周氏名人在南朝时有桂阳王谘议参军周士衡，其孙周绩，在唐朝初年官至司刑丞，周绩有二子：周利涉、周利贞，周利涉官至刑部侍郎。

永淳年间（682—683）的《临川郡公主墓志铭》载："临川长公主，为驸马都尉汝南周道务之妻，唐太宗之女。"历年来，出土了许多墓志铭，这些记载不仅记录了墓主人生平事迹，还记载有家族来源，比较可信。此碑文就明确记载了周道务为汝南周氏后人。

汉唐时期，是周姓向外迁徙的时期之一，除汝南周氏继续发展外，南方地区还有两支也很突出。他们分别是庐江舒城周氏和义兴（今江苏宜兴）阳羡周氏。庐江周氏以三国时期著名历史人物周瑜最为知名；义兴阳羡周氏以魏晋时期周处最为知名，“周处除三害”的历史故事人人皆知。值得一提的是周处的小儿子周礼曾做过“句容令”（一千年之后，乾隆年间又一位周氏后人周应宿来句容做县令）。周处是周氏“一门五侯”之一，当时江南流行“江东之豪，莫强周沈”的说法。另外，1976年南京博物院在宜兴周墓墩（周氏家族墓地）发掘一座墓，墓砖显示为“永宁二年（302）七月”的西晋墓，砖铭文显示墓主曾是“关内侯”，曾任职江宁县令，而是江宁首任县令（因笔者是江宁人，涉及我周氏先祖不免多此一笔），这就证明当时的周氏在吴地之强大。以武传家的宜兴周氏在东晋时遭到毁灭性打击，很长一段时间难以重振。一直到八世孙周山图时，才稍微有了起色。

不管走到哪里，周姓人的个性始终不改，骨子里流淌的血液始终保持先祖们的遗传。其义举、忠正、顾大局、识大体的传统，永远都在保持着。到了清嘉庆年间，孟塘村上原有的一座大庙早已倒废，仅存基址，五村六社的村民无法敬龙神。于是，我祖上周聚源等邀集众人捐资出力“重建庙宇，奉祠龙神，人喜神欢”，一时成为佳话，并刻石永作纪功，至今其碑仍在孟塘周氏后人家中，其义举不仅功在当代，还惠及后人，也让我们今人提及此事倍感光荣、自豪。直至今天，我们的血液里也流有他们的遗传，这就是以义显名，“义”字超过个人的利益，在关键时候不首先考虑个人的利益，而首先考虑国家、集体，最后才会考虑自己。我始终坚信一点，教育可以改变人，但遗传是根本，不容易改变，这就是本性。我们周氏之所以成为国之大姓，最主要的是因为根基好，遗传基因好，按现代人说法叫本质好。

清嘉庆年功德碑

在孟塘南山方冲祖坟山上，有几块尚存的残碑，可以清楚看到“乾隆三十四年吉旦（距今248年）”“道光□□□吉旦，故先妣□孺人之墓”“大清道光贰拾六年拾二月（距今171年）”等文字以及残存的祭台，规模尚大。证明此时的周氏祖宗有一定的经济实力以及社会地位。到了民国八年(1919),曾祖父周支显与曾祖母“方老孺人”合墓之时,周氏走向又一个高峰。按清朝的规定:七品官的母亲或妻子称“孺人”，曾祖母称“方老孺人”，由此证明曾祖父或其父亲曾经为清代官员。记得父辈们曾说过，曾祖父做过官，又是教书先生，这两种身份其

清乾隆年周尚贵墓碑拓片

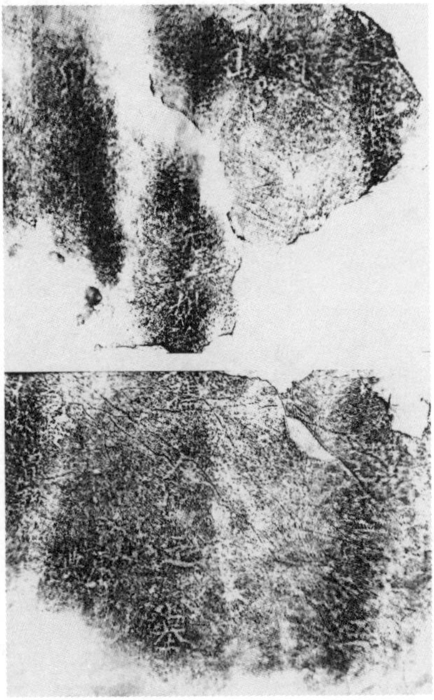

清道光年周氏墓碑拓片

民国“方老孺人”墓碑拓片

实不矛盾，我们现在知道了，官员退下来之后，可以教书育人，可以办私塾学堂。到后来祖父周思孝继续承接了教书棒，在家乡一带仍以私塾为职业。

以上编者通过家族文化的特点，用已知的历史资料和周氏祖茔碑刻实物资料来论证，证明金陵汤山周氏为汝南周后人，证明我祖先们一直秉持“以文显名，以文显家”的家学渊源，一直是坚持“耕读文化”的实践者。

二、以耿直正义显名

周昌在秦末为泗水卒吏，刘邦攻破泗水，周昌以卒吏身份追随，刘邦任用他掌管旗帜。他因忠诚勇敢，一路升职，汉高祖六年（前 201），被封为汾阴侯。

周昌为人正直，敢于直言不讳。一次周昌入内奏事，正遇见汉高祖拥着戚姬，周昌转身便走，汉高祖赶快追上，亲昵地骑在他的脖子上，问："我是什么样的君主？"周昌仰头答道："陛下就是殷纣王之类的君主。"高祖大笑，不过，因此更敬重他。高祖宠爱戚姬，欲废太子（吕后所生之子），立戚姬之子如意。周昌对此事非常反对，最后在众位大臣的谏诤下，高祖欲废太子的想法总算作罢了。吕后在幕后亲自听到周昌对废太子之事的激烈反对，对周昌感激得跪下来谢恩。就在这一年，戚姬十岁的儿子如意被封为赵王。但高祖有一块心病，担心自己死后，吕后会加害赵王。有人向高祖推荐周昌，认为他为人刚直，吕后、太子及诸大臣素有所忌惮，任用他就可以保护住赵王。于是，周昌被任用为赵国相。果然，高祖死后，吕后派人召赵王。周昌知道不妙，遂叫赵王称病不去。使者往来再三，也不应诏。周昌对使者说："高帝以赵王嘱托于臣。赵王年少，臣听说太后怨恨戚夫人，欲诛赵王。臣因此不敢遣送王，况且王有病在身，不能奉诏。"吕太后听后大怒，遂派使者召周昌，大骂道："你难道不知道我怨恨戚氏吗？居然敢不遣送赵王！”吕后最终将周昌征调走，又派使者将赵王召至长安，一个多月后，赵王惨遭毒杀。周昌自感失职，对不起高祖刘邦，忧愤称病，三年后（前 192）去世。他的忠诚、守职、正义的美名至今流传于世。

周弘正是周宝始长子，周宝始在梁代官至司徒祭酒，他去世时留下三个孩子都很年幼，遂由兄长周舍抚养。周弘正 10 岁时，就已精通《老子》《周易》，周舍每与之谈论，总会感到诧异，认为这个侄子一定会超过自己，刻意加以培养，最终使周弘正成为梁、陈二代名臣。

周弘正为人忠诚正直，敢于直言。梁中大通三年（531）梁昭明太子去世，立梁武帝第三子晋安王萧纲为太子，昭明之子不得立，周弘正上书鸣不平，内中有“弘正陋学书生，义惭稽古，家自汝颍，世传忠烈，先人决曹掾燕（指周燕）抗辞九谏，高节万乘，正色三府，虽盛德之业将绝，而狂直之风未坠。”也就是说，周弘正敢于大胆直言，乃是受到先祖周燕的刚直之风影响。这里所表现的是比较典型的周氏遗风，表现为忠直、正义的个性特征。正如梁元帝在《金楼子》一书中说：“在诸僧侣中我敬重招提寺琰法师，在隐士中敬重华阳陶贞白，在士大夫中敬重汝南周弘正，他在义理方面，清新雅致，流传无穷，是一时之名士。”

由于周弘正正义、耿直，到了陈朝时，又被任用为太子詹事、侍中、国子祭酒，最后加任至尚书右仆射，即相当于宰相之职。周弘正的这一个性特征，一直传至后代，尽管分支无限，但遗风传承不断。

时至唐代，宣宗在位时，周墀受到重用，在任上，他不避权贵，不徇私情。河东节度使王宰曾用重金贿赂权贵，要求加“同中书门下平章事”以领宣武节度使，周墀力劝宣宗不可，最后作罢；驸马都尉韦让请求为京兆尹，周墀也予以驳回，由于周墀的刚直不阿和铁面无私，朝风为之一振。但因为有些意见与皇帝不合，曾被免去宰相一职，不过后来皇帝还是追加了他检校右仆射一职，并加食邑五百户。

三、尊贤礼让，克己复礼

孔子《论语》曰：“泰伯可谓至德也矣。三以天下让，民无得而称焉。”《论语》这段话讲得是泰伯三让天下的故事，《吴越春秋》对这个故事有详细描述，这个故事发生在商朝末年：古公亶父生有三子，长子泰伯，次子虞仲，三子季历。季历娶妊氏之女太妊为妻，生有一子，据说这孩子降生在季秋三月甲子日，一只红色小鸟口衔缣帛之书飞来，停在婴儿出生之屋的窗户上，缣帛上有祝贺、箴言等祥瑞之语，“昌有圣瑞，古公知昌圣，欲传国以及昌”，因古人对上天充满敬畏，使古公亶父相信上天已有安排，便给孩子取名“昌”，并将三儿子的名字重新更改,因此更名曰季历。太伯、仲雍望风知指,曰:“‘历者，适也’，知古公亶父欲以国及昌。”兄弟二人得知父亲的想法后，遂以给父亲采药之名，一路风餐露宿，跑到南方的荆蛮之地，以满足父亲的愿望，他们最后跑到了吴头楚尾的金陵横山、江宁、溧水、当涂的境内，这一带属宁镇山脉，距无锡梅里较近，是古人认为的荆蛮之地。后来三弟季历也多次南下寻访二位兄长回国继位，都未能如愿，为了让弟弟死心，他们按照荆蛮之地的习俗，“纹身断发，自号勾吴”。《吴越春秋》载:“古公病，将卒，令季历让国与泰伯，而三让不受”。这一故事至今受到世人传颂。

兄弟二人在南方非常受当地人拥戴，他们在吴地修建了城郭。兄长泰伯无子，又将首领之位传给了二弟仲雍。实际上，所有吴国的王者之君，都是仲雍的后代。仲雍曰“虞”，今常熟的虞山便是以其名而命名的，仲雍之墓现今仍在，后人为了纪念他们，立碑刻石，有“南国友恭”“让国同心”等碑铭。

又如，周武王之弟周公旦，为人敦厚仁义，他受封于鲁国（今山东一带），但因周武王年岁已高，周公旦留在朝中辅佐政务，便以长子伯禽到受封之地就封。商朝灭亡不久，武王就因病去世了，其子继位，是为成王。因成王年幼，周公旦受武王临终遗令辅佐治理国家，史称“周公摄政”。在这期间，他东征平乱，镇抚东方，立下赫赫战功，却毫无夺位之心，废寝忘食，尊贤礼让，克己复礼，有“一沐三握发，一饭三吐哺”的故事。

周公旦是有名的圣贤，若没有周公旦的英明指挥和处置，周朝将难以为继。他对儿子伯禽说：“我是文王之子、武王之弟、成王之叔，对天下人来说，我的身份也不算贱了。然而我一沐三握发，没有完整利落、洗沐过一次，逢有人来访，立刻握住湿发出来接见；一饭三吐哺，没有痛快地吃过一次饭，遇有客人来访，立刻放下碗筷赶快迎见，就是为了诚恳待士，生怕失去一个贤人啊。你去了鲁国，不要以国骄人。”周公辅政七年，成王已经长大成人，他便还政于成王。辅政期间，他非常注重礼仪，不在宗庙接见众臣，而是在明堂接见，以避天子之位。还政后，周公与众大臣一样朝见成王，保持臣节，遵守臣礼。

周公尽忠于王室，忍辱负重，不计个人得失，不抱个人私心。武王生病时，他请求鬼神惩罚自己，为武王受过；成王生病，他又请求鬼神惩罚自己，为成王受过。归政后，有人进谗言，害得周公只好逃奔到楚国避难，当成王得知真相之后，痛哭流涕，亲自迎接周公回朝。

周公去世后，成王将周公葬在祖父辈们安葬的地方，以示对周公尊敬，不敢以周公为自己的臣属，并命周公长子伯禽在鲁国郊祭周公，可以用天子之礼乐。周公旦充分显示周姓人的贤德和礼让，能顾大局、识大体、克己复礼。

四、以文显名，善于著书立说

汝南周氏主要是依靠其丰富的文化底蕴见长，自西汉以来均以儒学显世，著名儒学人物如周燮精通《礼记》《左氏春秋》，周防精通《古文尚书》等。据《隋书·经籍志》和《新唐书·艺文志》记载，周姓人在隋唐及其以前的时代里有二十余人著有近三十部著作。充分反映出周姓人对中国的传统文化之喜好。

自宋以后，全国各地都有周姓人的足迹。受到战争的影响，周姓发展的主要重心在南方的江苏、浙江一带，形成本区域的周姓望族。粗略统计，宋以前正史入传的历朝周氏重要人物计约六十人，宋以后，《宋史》中周氏入传的约三十人，《明史》约七十人，《清史稿》有近四十人。

以上是以性格特征、文化特征来分析和推断汝南周姓人的特点，那为什么孟塘周氏也认为自己是汝南周氏宗人周敦颐的后人呢？这主要依据的是祖茔的几方清代碑刻，还有就是父辈们口传中的《周氏家谱》，加之笔者到绍兴的后马桥走访调查，结合后马桥《周氏宗谱》所反映的内容，综合起来考虑和予以证实的。

根据《中华姓氏通史》一书记载，目前周氏家谱就有 390 部之多。查阅周姓的家谱，在追溯祖先时，大多会以南方为主，因为，现今的江西、湖南、江苏、浙江等地，确是周姓人的主要分布区域。始迁祖周应宿为乾隆元年（1736）进士，乾隆二年（1737）到句容县任县令，这是清《嘉庆山阴县志》中明确记载的。周应宿是周茂的后人，而周茂是周敦颐十三世孙，周茂就葬在后马桥村。本支与近代人物鲁迅、周恩来等都是一个宗族，均被认定为是周敦颐后人。

周敦颐像

鲁迅像

将先祖认定为周敦颐后人，不仅符合规律，也是从其个性特征而做出的比较科学和合理的推论。下面简述一下周敦颐出自汝南周氏的过程。

道州周氏本出自汝南周氏，据民国二十六年（1927）编纂的《绍兴县志·姓氏篇》记载：汝南周氏的一支，在唐代宗永泰（765—766）年间，周崇昌仕至廉州（今广西浦县）刺史，居道州（今湖南宁远县），其孙周从远迁于营道濂溪（今湖南道县），周从远子周知强有五子，二子为北宋大中祥符八年（1015）进士，官至桂岭令，其有三子，第二子就是宋明理学的奠基人周敦颐。

周敦颐的先祖是汝南周氏，又有最近的发掘资料支撑，根据《中国文物报》2011年5月27日登载显示：濂溪故里的周氏宗祠和族谱详细记载了自周敦颐祖父以来的完整谱系，周敦颐出生于公元1017年5月，至今已逾26代（这里估计是计算错误，实际应该是约50代了）。那么他又如何到江西的呢？周敦颐十五岁丧父，随母投奔舅父——龙图阁学士郑向（注：这里请注意，个人认为“龙图阁学士”，即父亲及叔父在原家谱中所看到的“大学士”，因他们当时年龄尚小，而未弄明白的缘故吧）。周敦颐二十四岁时出任分宁（今江西修水县）主簿，又迁郴州通判，熙宁初年，升任郴州知府，后又出任广东转运判官。他一直以清廉精干著称，以洗刷冤屈、造福百姓为己任。后来周敦颐以病求知南康军（今江西星子县），遂定居于庐山莲花峰下。这里有一条溪水，注入湓江，颇似老家的濂溪。

周敦颐便以“濂溪”来命名，他筑“濂溪书堂”，读书讲学，在此过完一生。他的著作《太极图说》和“阴阳变动”“五行八卦”等学说，至今都在世界上有重要影响。他著书立说形成的思想，被历代统治者总结发展为“程朱理学”，成为宋明时期占统治地位的思想理论。在周敦颐去世一百多年之后，还被南宋皇帝追封为“汝南伯”，元代被追封为“道国公”，子孙后代都荫封世袭。

因为周敦颐著有《爱莲说》，“爱莲”遂成为周氏别称，《爱莲说》中的名句：“予独爱莲之出淤泥而不染，濯清涟而不妖，中通外直，不蔓不枝，香远益清，亭亭净植，

濂溪书堂

可远观而不可亵玩焉。”这正反映出周敦颐的高贵品性，因此，值得世人称道。爱莲堂的建筑遗址在今江西赣州市五中校内。

周敦颐的哲学思想受到历代朝廷的重视之后，大量的周氏后人也不断有人做官、袭禄，形成新的族望，成族者大约有 50 余处，分别成支散播全国各处，其家谱都称是周敦颐之后，金陵汤山孟塘周氏正是其中一个分支。本文追溯到这里，基本上与太爷爷所写的家谱相吻合了。

在近千年的传承中，周敦颐的后裔子孙们不断迁徙外地，有记载的如：南门族、梅山族、周桥族、后马桥族、宝祐桥族等，各族又分成许多族支系，但最终均认为是周敦颐的族宗。特别是绍兴后马周氏一族，是有明确家

爱莲堂

谱记载的，于是，我们也将周敦颐认定是自己的先祖。然而，我们汤山孟塘周氏具体繁衍的是哪一个支系呢？为了弄清这一重要环节，编者又专门去了绍兴后马桥的周氏聚集地——东周村、西周村，在这里找到《周氏家谱》并查阅相关资料后，认定我们是绍兴周氏，即诸暨南门周氏的分支后马周氏，他们始迁祖为周敦颐十世孙周澳，其世系为：周敦颐—周焘—周绸—周靖—周亥—周谨—周恪—周文郁—周茂林—周澳。

周澳因定居山阴（今浙江绍兴）周桥，成为这一支周氏的始迁祖，经过几代人的不断繁衍，又出现新的支派。我们汤山孟塘周氏和句容东北部的周氏就是绍兴后马周氏的传人。其世系为：周澳—周完—周文慧—周茂。

周茂是周敦颐十三世孙，字元泊，号茂庵。据宝祐桥周氏族谱《周氏破塘祖茔祭簿》记载，周茂是进士出身，官至左丞相，特进金紫光禄大夫，封沂国公，赠太师。配司马氏，继施氏，俱封一品夫人。关于这一段记载，与绍兴后马桥《周氏家谱》有出入，据初纂于清代嘉庆八年的《周氏家谱》“后马周氏”的记载是：年轻时的周茂入赘距周桥约三公里外的后马缪员外家，遂定居于此。“三传而名起胶庠，五传而联登乡会”。去世后葬于村旁，墓碑上刻有“濂溪第十三世后马周茂庵公墓”等字，被后人称作“大佬坟头”，后世在此修建祠堂，祭祀先人，陈列族中历代人物所获取的殊荣。祠中悬挂各种匾额，如“翰林”“解元”等。可惜墓与宗祠在“文革”中被毁，墓碑等被用作砌河石。

周茂的子孙繁衍兴旺，人才辈出。据正史与地方史载，明清两代后马周氏家族在旧山阴县是出人才最多的家族之一。本文以后马桥的《周氏家谱》为准，这是与后马周氏重视读书致宦的传统分不开的。同时，后马周氏为人多忠厚亲民，做官为政一方则勤政爱民，多行善事；在家则事亲甚孝，义行四方。当地曾有“张溇多旗杆，后马多师爷”的民谚。

载入《嘉庆山阴县志》的明清两代后马周氏的12位进士有：周端、周述学、周洪谟（非四川长宁的周洪谟）、周懋谷、周长发、周宾雅、周炳曾、周应宿、周大枢、周铣（谱作士铣）、周钺、周镶。诸人在县志中都有各自的事迹，这里不做一一介绍，仅简介周应宿一人，因为此人与汤山孟塘周氏有重要的关联。

周应宿，清乾隆元年（1736）进士，曾任江苏句容县知县，在任上，以赈灾济民为人们所称道。清《乾隆句容县志·名宦传》中有关于他的记载：在大灾之年因准备充分，救活了九万多当地灾民，深受当地百姓拥戴，后来府署遭盗劫而罢官，百姓得知后相拥泣涕，认为失去了一位好官，由于种种因素，他就一直在句容当地居掇运往新厂地址。

不久，蒋介石就让财政部拨给资源委员会拆迁费132亿元，然后每天派人前去督促。孙越崎只好敷衍，拖延时间，他陆陆续续地把部分机器拆下来，又陆陆续续地运往下关

“奉层峰命令，南京五厂速迁台湾，盼电复。”

孙越崎接到电报后，召集五厂厂长开会，会上他鼓起勇气说：“工厂不迁，电报不复，大家看怎么

听后说：“我支持你，厂不拆迁！”于是孙越崎以李代总统的旗号顶住了汤恩伯，直到南京解放。

孙越崎抗拒蒋介石的命令，终于把南京五大厂的设备保存了下来。

后马《村图》解读

□吕 山

节孝坊 贞烈坊 旌义坊

文中所刊村图，见于后马《周氏家谱》，初纂于清嘉庆八年(1803)，道光廿七年(1847)续修，谱与图已有了约两百年的历史。据该谱，明初，十世祖周茂由温渎乡邑桥(后称周桥即周家桥)迁后马开辟草莱，“三传而名起胶庠，五传而联登乡会”，四百年间，人文代兴，涌现出了一批又一批的人物，明间，已获进士资格的周长发，乾隆元年(1763)再应博学鸿词科试，列二等，官翰林院侍读学士，备极宠荣，或许是后马周氏最为繁荣鼎盛的时期。自然，除了做官食禄的阶层，贫居荒村而学有所成的人物也有许多。藉着《村图》提供的丰富信息，略作追溯和探索。

图示进士台门三处。科举时代，中式成进士，无疑是读书人至高无上的荣耀，岂能不大肆宣扬，遍告乡里。据《周氏家谱》谓：“中进士者十二人”。现经查考得十人，尚

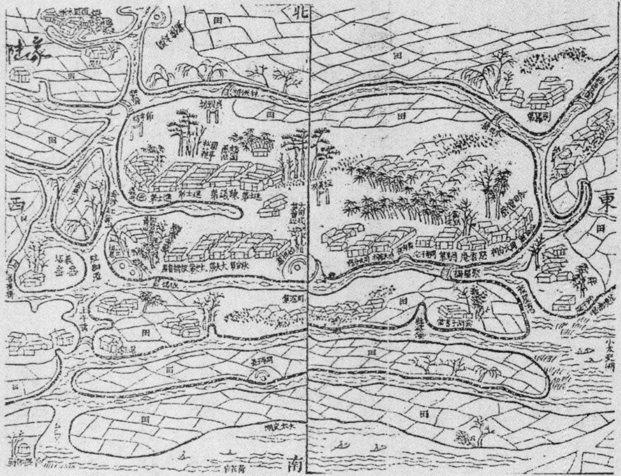

家谱说他“在部剔除弊政，王宗陈多……

兵部尚书仇鸾和胡宗宪一度想招致

谢道韫从小好学，聪颖有……辩。谢安在谢氏诸子弟中，似乎也特别欣赏她的聪颖与才情。谢安曾经问她：“毛诗何句最佳？”谢道韫答道：“吉甫作颂，穆如清风。仲山甫永怀，以慰其心。”“吉甫”就是周朝的贤臣尹吉甫。“吉甫作颂”是指尹吉甫写的“烝民之诗”，这首诗赞美周宣王的卿士仲山甫，帮助周宣王成就中兴之治。诗写得辞清句丽，传诵不衰。道韫喜欢这两句诗，其实是寄寓情怀，她希望东晋也能有如尹吉甫和仲山甫这样的人，国家可早日统一。谢安听后十分欣赏，称她有“雅人深致”。还有一次，在北风怒吼、雪花纷飞的寒冷冬天，一家人围炉闲谈，谢安忽然指着纷纷飘落的雪花问大家：“白雪纷纷何所似？”谢道韫不假思索地说：“未若柳絮因风起。”将雪喻为随风飞舞的柳絮，谢安为之击掌赞叹。从此，这一联句盛为人所传诵，世称谢道韫为“咏絮才”。

谢道韫嫁给王凝之之后，王羲之全家都认为她是一个不可多得的好媳妇。然而，她却并不把丈夫放在眼里。回娘家的时候，她心中总是闷闷不乐。谢安问她：“王郎是逸少(王羲之字逸少)之子，并没有什么不好，你还有什么遗憾的呢？”道韫回答说：“王、谢两家中，叔父则有阿大、中郎(指王

后马周氏家谱村落图

住了下来，以教书、画画、读书为业。《越画见闻》记载："平生不以画名，殊耽绘事，纵笔所致，落落大方，不肯摇首转目做鹳鹤舞，而姿态自觉有余。尤精画松石，苍老奇倨之状，往往出人意表。"

关于周应宿，编者在《周氏杰出宗人简述》中有专文介绍。那么周应宿被罢官后，他又去了何处呢？清代有规定：教书育人是件大事，不是什么人都可以做的，必须是达到"举人""秀才"的身份或者隐退的官员。周应宿被黜官之后，一边等待朝廷给予重新评判的恩典，一边为了生计而教书、习画。一等就是数年，实际上就是留居在这里了。《乾隆句容县志》记载："后因被盗

《乾隆句容县志》书影

黜官，咸以为数厄吾民而夺吾令也，相与泣涕。将之后得减议，居容数载，惟日以文章相启迪，先之以父母之慈，而继之以师友之谊，至今有遗颂焉。”周应宿在句容为官时，有恩于当地百姓，百姓舍不得他离开。再说，若回老家绍兴，并非荣归故里，被朝廷革职归田总会让乡人另眼相看，必有闲话困扰。再说，这里距绍兴不是十分遥远，气候与风土人情基本相同，为了不打扰下一任县令的正常工作，于是，周应宿便在距句容县城 10 余公里的汤山孟塘隐居了下来。此处虽是山野之地，但秦汉时便已得到开发，并非莽荒之原，很适合居住，最重要的是，此地有山有水，田园风光，四季分明，很符合周应宿文人的个性需求。

第四节

周应宿及后人的族葬地——方冲

周应宿是绍兴后马桥人，本应死后要葬回老家，编者曾到绍兴后马桥亲自寻访调查，但没有获得任何有价值的信息。绍兴后马周氏在明清时期产生了 12 位进士，其中有 10 位在《周氏家谱》中已明确记录了他们在老家有墓地和祠堂，而家谱中就是没有记录周应宿这位乾隆元年的进士。但《乾隆句容县志·名宦传》中有明确记载：周应宿“乾隆二年上任县令”，他是浙江绍兴后马桥人。那周应宿怎么在老家的家谱中会不见记载呢？编者通过考证后，得出了明确答案：周应宿没有回老家绍兴，而是在距句容县城 10 余公里的汤山孟塘村隐居了下来。周应宿死后就葬于本地南山方冲，成为这一支周姓的始迁祖。

周应宿来孟塘隐居，是有事实依据的。在汤山孟塘南山方冲，我们周氏祖茔的坟山上有两方碑刻将周应宿的历史顺沿了下来：第一方碑刻是乾隆三十四年（1769）周尚贵之墓（在绍兴《周氏家谱》中有此人），是其子周遷、

周应宿所绘的国画

周岐、周聚豪及孙周万顺等所立；另一方碑刻是道光年间的一位“孺人”墓碑，是其孙周彭龄、周松林及曾孙周聘、周荣、周箕、周裘、周典、周康所立。

根据年代推算，“孺人”是周应宿的夫人，更准确地说，应该是第二任夫人（因第一位夫人应该留在老家绍兴），老夫人（孺人）亡故时大约年龄在80岁以上。周尚贵是周应宿的儿子，为大夫人所生，是周应宿在句容为官时陪伴和照顾父亲的。清代有规定：“孺人”之称号为“七品官的母亲或妻子的封号”，在周氏方冲祖茔的坟山上，那些精美的祭台和残存石刻的雕刻纹饰，非一般人家所能拥有。编者从事文博考古工作已20余年，对此项业务略有研究。在汤山孟塘一带，除明代有些精美石刻外，清朝一代，就只有孟塘的周氏祖茔具有这样的规模了。

周应宿是我们汤山、孟塘周氏之先祖基本可以肯定，这与父辈们在原《家谱》中所看到的相符合，也与《乾隆句容县志》的记载相对应。

还有一块“功德碑”也可以印证孟塘周氏在清代时期的辉煌。清代嘉庆十九年（1814）所立之碑的内容显示：“孟塘地方旧有庙宇倒塌多年，仅存基址，李少白随父官滇归来，见其情形，遂同周聚源、僧德莲邀众重建，奉祀龙神。”这段话意思是孟塘村东的土坡上古代有一座大庙已经倒塌多年（据考证为南朝时期），仅剩基础，

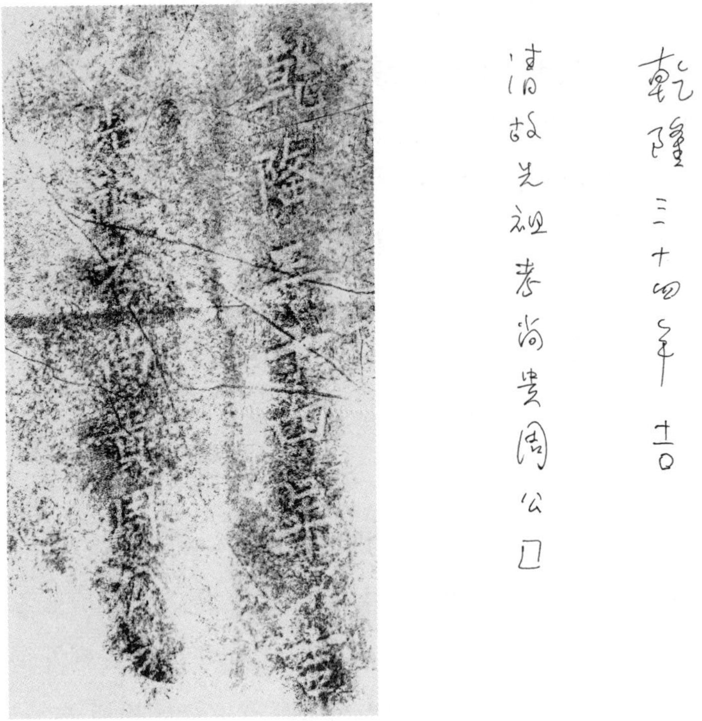

清乾隆周尚贵墓碑拓片

有一位叫李少白的人，随父亲在云南做官回来后，见其现状，欲将大庙恢复。于是，就约请了有声望、有号召力的乡绅周聚源来协助发动，又邀请名叫德莲的大和尚做庙宇的主持，这样，附近的“五村六社”的群众都发动起来了，恢复了孟塘大庙。

从这一方“功德碑”的记载中，我们可以清楚地知道：周聚源是孟塘一带乡绅大户，并具有很高的威信和号召力。嘉庆十九年（1814）距乾隆三十四年（1769）

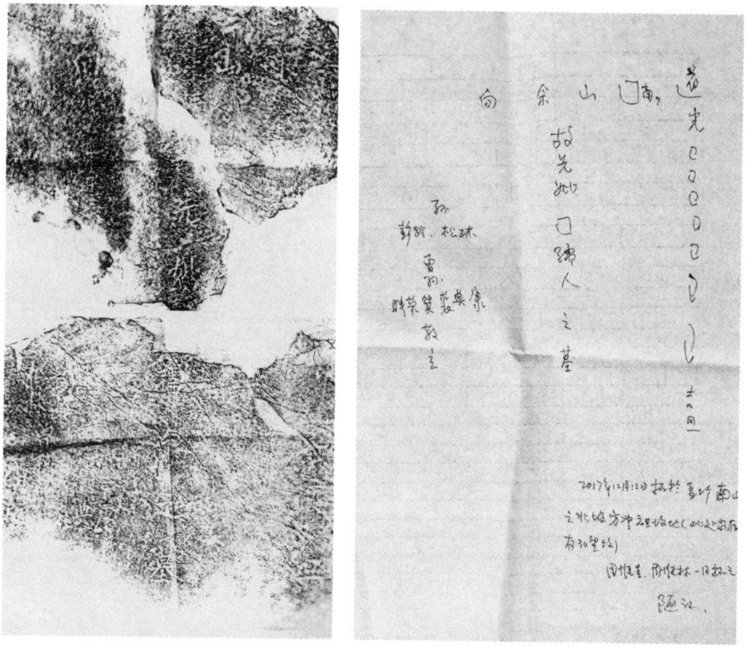

清道光□孺人墓碑拓片

方冲祖茔

仅45年的时间，周氏在孟塘是首屈一指的乡绅，这是不争的事实，其威信得到众乡亲的拥护。根据常识分析，这些都应该归结到做句容县令的周应宿在任时所产生的恩荫作用。这就是后马周氏“重视教育”“忠厚亲民”“多行善事”“义行四方”之传统美德延续的又一个事例。

大清道光二十六年(1846),这是“清故先考周公万顺”之墓上的时间，该墓主为周尚贵之孙，墓主享年77岁，死后葬于射乌山之南坡的周氏祖茔坟山地。这里是周氏又一处祖茔之地。至今，我们孟塘周氏后人仍然每年去上坟，现存有坟圹与5座祖坟。

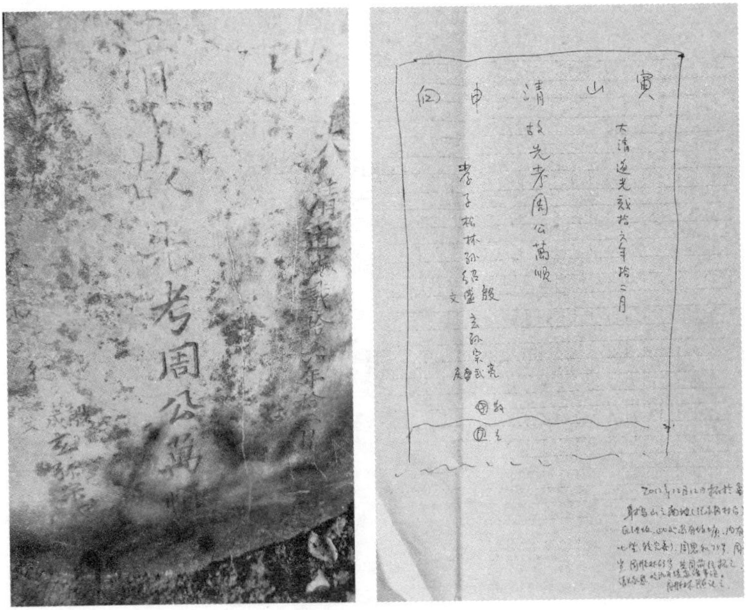

清周公墓碑

到了清末民国，编者的太爷（曾祖父）去世，去世时间为 1919 年。因为曾祖父曾做过官，教过书，家中排行为长房长子，也曾是《周氏家谱》的编撰者，身份地位比较高，娶“方老孺人”为妻。为此，在孟塘村东面的塔山之南坡修建了又一处周氏坟山。此处坟山在于 1973 年兴建安基山水库时迁至现甘山之南坡，随之而迁过来的还有周支银（周支显堂房兄弟）等不少非周姓之祖坟。（注：此处祖坟于 2018 年又迁至汤山南山海子沟公墓园）

金陵汤山孟塘之周氏，其世系脉络已清晰。周敦颐十三世孙浙江绍兴周茂是后马周氏先祖，清乾隆元年进士、曾任句容县知县的周应宿是周茂之子，据编者所知，周应宿的后人分布在句容东北部的东巷、南巷一带，江宁的汤山、孟塘一带，周应宿是这一支周氏的始迁祖。据此推算，孟塘周氏在汤山、孟塘一带生活近 300 年，至今有十四代的繁衍历史了。

第二章　史料与实物论证其族源

第一节

周氏杰出宗人简述（宋代之前）

秦灭六国，将周室九鼎宝器掠走，中国实现大一统，周朝800年历史的江山彻底灭亡。因周姓人发迹于陕西周原，人们仍习惯上称作“周家”。因此，“姬”姓变为“周”姓。到了西汉时期，周平王的二十世孙周仁被汉王朝封为“汝坟侯”，赐号正公，以延续周朝香火，这是汉统治者模仿三代封圣王的典故，实际上是对先朝后裔的一种政治笼络手段的结果。周仁这一族人又因汝坟地区卑湿，遂迁居汝南郡治安成县（今河南平舆县南），后世称这一支周氏为“汝南周氏”。

汝南周氏“以文显世”，人才辈出，在魏晋隋唐时代一枝独秀，“旧八望”中的名门望族，有六望是出自汝南周氏；自南北朝至唐代，周姓又有“新十望”之说，其中有四望是出自汝南周氏。可见汝南周氏之繁荣兴旺。汝南是在汉代初年设立的一个郡，治所在今河南的上蔡县，下辖37个县，安徽的界首、太和、颍上都囊括在内，其范围很大。因周仁这一族是“以文显家”，形成周姓一大郡望，正值西汉王朝政治需要，周仁就被封为“汝坟侯”了。

金陵汤山、句容周氏，经过梳理，归宗为汝南周氏一脉（在《探源》一章有文）。为此，本章节收集了部分历史上及近现代有明确记载的汝南周氏杰出宗人的事迹，以资后人瞻仰凭吊，不忘先祖功绩。从中也可让我们领略到周氏人性格上的文化特征，以便我们后人了解并能在其中学习优秀，摒弃糟粕。

周仁

西汉王朝政局稳定后，模仿三代封圣王或先朝后裔的方式,封东周平王二十世孙周仁为“汝坟侯”,赐号正公,以延续周朝香火。

据《新唐书·宰相世系表》载：汉汝坟侯周仁有十个儿子,长子周球,官至执金吾,督察京师治安,位置显赫。周球儿子周应，周应儿子周道，周道儿子周约，周约儿子周燕，他们都在汉王朝为官。

周燕

周燕，字少卿，为周仁玄孙，汝南安成县人，“以义行显名”。据《新唐书》载：周燕在汉宣帝时担任汝南郡决曹掾，此职是协助郡太守的副官，主管刑事。当时郡太守意欲处死无辜在押犯，周燕极力劝阻，太守不听，将在押犯处斩，并斥退周燕。死者家属不服，上京鸣冤，宣帝下诏重审。

周燕为了替太守承担罪名，对太守说：凡是审讯记录，都请写进我周燕的名字，府君就称自己当时生病，不太知道此事，一切后果就由我来承担。并且对办事的官吏说：“朝廷查案的人向各位问起，大家只管把罪责往我周燕身上推。如果有人胆敢实话实说，我周燕必定手持利剑把他杀了。”从今天法制社会的角度来讲，这是非常错误的。但从当时社会的文化观念来讲，周燕是“义”字当先，舍己为人，保护了上级。这样，宣帝派来的使者虽觉得事有蹊跷，但也一时没法查清，便将周燕收监审问。周燕受尽折磨，仍未改变供词，因不堪受“腐刑”之辱，后在狱中绝食而死。

一个郡的决曹掾，职责是负责协助太守处理刑事方面事务的副官，相当于现今的“公安局长”。其实许多事情也可以向上推诿的，但周燕为了保护上级，关键时刻挺身而出，在当时是件大事，因此，其名声远播，受到世人的拥戴。

周燕有五个儿子，号称五龙，各居一里，以儒学自立。他们中有县令、有太守、有刺史，这些都与周燕的为人大有关系，其子孙受益匪浅。

周嘉

周嘉，字惠文，周燕的玄孙，义士，汝南周氏后人。公元9年，在他担任本郡主簿之时，因王莽篡汉，弄得民不聊生，人人思乱，各地农民纷纷聚众造反。这一年，造反的民众攻打汝阳城。郡太守何敞率地方官兵拼死抵抗，但因寡不敌众，汝阳失守，何敞被乱箭射伤。攻城的民众将其团团围住，欲杀之，此时，周嘉一边用自己的身体将何敞护住，一边厉声呵斥民众："你们都是辖下的臣民，起兵造反已是大逆不道，难道还要杀掉自己的父母官吗！我周嘉命不足惜，请杀了我，放走太守。"说完周嘉便仰天号啕大哭。众人见状，面面相觑，不知如何是好。汉代提倡忠君守节，忠义为人们所称道。大伙感于周嘉的忠勇，遂将他们放去，并为他们提供赶路所用车具马匹。

东汉建立，周嘉被察举为孝廉，官拜尚书侍郎，侍奉在皇帝身边。一次，光武帝刘秀召见周嘉，详细询问遭难之事。周嘉说："当时太守受伤危在旦夕，臣实在愚驽不勇，不能为国死难。”光武帝称赞道：“这是真正的长者！”遂下诏令周嘉娶公主。对于一般人来说，这是多么大的荣宠啊！而周嘉却以身体有病为由坚决推辞。皇帝反而更加信任他，升其为零陵太守。他在任期间，施行仁政，抚辑百姓。在任七年而死。当地的百姓念其恩德，专门为他树碑并建立祠堂。

周举

周举，字宣光。周燕的后人，父亲周防，汝南周氏后人，曾在16岁时被光武帝刘秀看中，欲委其重任，但周举却以未成年而推脱。周举自小就博学多识，后为一代儒学宗师，当时京城流行一句话：“五经纵横周宣光。”

公元125年，周举被征辟入司徒李郃府中作僚属。这一年，东汉朝廷内乱，他利用自己所学知识，为皇帝、太后、大臣，出了许多的好主意，避免了一次次的内乱，获得上至皇帝、下至大臣的极好评价，他的才学和政治才能充分显示，被推荐为茂才，出任平丘县令，在任期间上书极言当今的政治得失，言辞恳切，尚书郭虔、应贺等人颇为感叹，认为此人忠直，皇帝应把他的奏书作为极好的规谏，放在御座之旁，时时观看。

周举不仅关心朝廷大事，对百姓也十分关心。在任并州刺史时，辖下太原郡有一民间风俗：因春秋时介子推冬日被火烧死，为了纪念他，当地人一个月内不准生火，连饭也无法做，大家都吃冷食，许多人因为不适应而生病或死亡。周举到任后，便到介子推灵位前祭奠，称隆冬无火，百姓受累，此非贤者之意，敬请让百姓生火取暖做饭。从此，这里民间风俗得以改变。

周举被推举任尚书一职后，当时天灾不断，京师一带又遭遇大旱，皇帝认为是上天发怒，要亲自求雨，在向周举问策时，周举巧用天灾这一事实，向皇帝奏道："后宫之中，广蓄美女，致使内有怨女，外有旷夫，阴阳失调，伤和逆理，断绝人伦，应当遣放宫女；审理天下冤假错案；提倡节俭，减少宫中膳食浪费；慎重使用人才，摒弃贪污，凡能忠言极谏者便是忠臣，而阿谀奉承者便是邪佞之人。应当亲忠臣远邪佞，如司徒刘琦任职六年，却未见其有任何忠言异谋，这就是佞臣。"周举的话，皇帝真的是听进耳朵里了，立刻罢免了刘琦的官职。因周举的直言极谏，他先后被任命为司隶校尉、谏议大夫。

皇帝下诏派遣八个特使巡行天下，入选者需享有威名、刚直不阿，周举被任命为侍中，与其他七人分行天下。凡是刺史、二千石官员有贪腐行为者，需派人飞马上报朝廷；二千石以下官员有贪腐者，可立刻逮捕；若当地有为政清廉、颇得民心、业绩显著者，将事迹上报朝廷待用。周举在这项任务中获得朝野一致的好评。后被任命河内太守，又内调为大鸿胪。公元149年，周举卒于光禄大夫的任上。值得一提的是：周举的儿子周勰，字巨胜，其性格也很独特，他受道家老庄的学说影响，不愿当官，朝廷多次征召，都不应征。他不愿与权贵交往，常常隐于山野，过着清静无为的生活。按照我们现在人的说法，他就是“官二代”，有一些骄狂，世人也不一定能接受这种态度，如果他真正有水平、有能力，可以尝试着去学习他父亲的做法，为广大人民群众着想，为朝廷着想，皇帝一定会重用他。而周勰则根本不想去尝试，实则是逃避社会，希望周氏后人，不要认为这种做法是值得效仿的。

周浚

周浚，字开林，魏晋时期的著名将领，汝南周氏后人，其父亲周裴，东汉末年官至少府卿，《陈书·经籍志》记载其所著《汝南先贤传》五卷。周浚为人刚烈果敢，颇有才名，善于拔识人才。周浚在曹魏时，历官尚书郎、御史中丞、扬州刺史、封射阳侯。西晋建立后，周浚随王浑伐吴，多立战功，又绥抚新附之民，功封成武侯，食邑六千户，赐绢六千匹。朝廷命周浚镇守秣陵（今南京），他讨灭残余，尊敬故老，礼贤下士，吴人对其心悦诚服。后调朝中任侍中，在晋武帝身边供职。武帝问其“卿宗族后生中，谁最出色？”他回答：“臣叔父之子周恢，最受看重；从父之子周馥，有清显之名。”后来，此二人被武帝召用，证明他对族中之人很关心。

同乡史曜，出身低微，在当时的士大夫社会，注重门第，史曜没有人理睬，唯独周浚与之结交，并招之为妹夫，史曜后来竟有名于世，证明周浚有善识人才的眼光，拔识人才的勇气。

周浚生有三子：周顗、周嵩、周谟，后来均为世之英才。

周顗、周嵩、周谟

周顗是周浚长子，字伯仁，汝南周氏后人，他不仅才气逼人，长相也特别清秀，是著名的美男子。西晋司马家族“八王之乱”，使得晋朝虚弱，被少数民族军队打得一败涂地，北方大乱，大批流民南迁，作为士家大族，周顗一族也南迁至南京（当时称建康）。每至良辰吉日，就会有一些北方士族在一起饮酒宴集，新亭（今南京铁心桥一带）也是他们常来的地方，在大家都酒酣之际，周顗特别思念自己的家乡洛阳，流泪道：“风景不殊，正自有山河之异！”（南京地形与洛阳相似，但江山无法同在中原时相比了）。众人闻言，都相视流涕（背井离乡，追往抚今，怎能不流泪呢）。是时，王导（后来任东晋丞相）大喝一声道：“当共勠力王室，克复神州，何至作楚囚相对！”于是大家振作精神，全心全意地辅佐皇族成员司马睿，因此成就了东晋王朝104年的江山，这就是“新亭聚会”成语的来历。

司马睿坐镇江东，请周顗为军谘祭酒，出任宁远将军、荆州刺史、领护南蛮校尉、假节。东晋王朝建立后，迁补吏部尚书、太子少傅，在任尚书左仆射时，周顗好酒，整天应酬无醒日，时人号称为“三日仆射”。丞相王导十分器重他，曾头枕其膝，指着他的大腹问：“此中何所存也？”周顗回道：“此中空洞无物，能装下卿辈数百人。”王导也不为忤逆。

王敦造反，周顗奉诏前往王敦军营，被王敦抓住不放。王敦攻克建康，虽没有叫司马睿下台，但一切都由王敦说了算。此时有人劝周顗逃走，周顗却说：“我乃备位大臣，朝廷衰败，岂能奔逃于草泽之间，苟求活命。”结果周顗被王敦杀害。当初王敦叛乱时，有人劝尽杀琅琊王氏，王导率族中成员向皇帝请罪，适逢周顗入朝，王导求救，说：“我们百十号家口托付于卿。”周顗就当没听见一样地走了进去，于是，王导怀恨在心。后来周顗落在王敦手上，王敦试探王导：“周顗可位登三司？”王导不答，王敦又说：“不做三司，那就做令仆？”王导又不答，王敦就又说：“那么就只好将其杀了？”王导还是不答。因此，王敦才将周顗杀害了。后来，王导在整理奏章时，发现周顗上表的奏章极力陈说王导贤明，其言辞十分恳切。这时，王导十分后悔，悲从中来。对儿子们说："伯仁虽不是我杀，但却因我而死，幽冥之中，负此良友！"

周顗的这些性格特征，就是典型的周氏人的性格特征，做了一件对国家和个人的好事，或者是正当的事情，不愿意评功摆好，认为是一件分内之事，然而有时会被别人曲解了，到别人了解后，那就为时晚矣！这种性格对大至国家，小至家庭均没有好处。编者认为："适当地表露和沟通将会对事情发展有益处，何乐而不为呢！"

《晋书》对周顗的评价很高，认为他忠于晋室，死于国难，但"瑕不掩玉"，对他好酒误事也没有隐讳。总而言之，他的家族都以他而自豪，并从他的事迹中受益。

周嵩

周嵩，字仲智，周浚次子，周顗二弟，汝南周氏后人，为人性情孤傲，忠正。每以才气傲人，东晋元帝司马睿在没有称帝时便与哥哥周顗一道坐镇江东，士族中大多数人都上疏请司马睿称帝，而周嵩却认为中原尚未恢复，怀、愍二帝（西晋皇帝）被胡人掳掠杀害，灵柩未还，请司马睿行周公之道，先北伐中原，报此大仇，然后号令天下。但周嵩的言论非常不合司马睿等人的口味，于是被外调任职。后来因王敦在上游姑孰（今安徽当涂）广蓄兵力，对朝廷（今南京）构成了威胁，晋元帝便对王导家族进行有意识的疏远。王导作为臣相，被称作“仲父”，有“王与马共天下”之说。周嵩此时又上疏，力陈王导的忠正贤能，于是，王导一家百余口免遭杀害。在其兄周顗被王敦杀害后，王导发现自己错怪了周顗，便派人前往周嵩家吊唁，周嵩说：“亡兄是天下之人，今被天下之人所杀，还用得着什么吊唁！”为此，王导对周嵩又怀恨在心，虽然没有立刻加害，不久，还是叫人诬陷周嵩有谋反企图，利用司马睿的刀杀害了周嵩。

周谟，周浚第三子，周顗三弟，汝南周氏后人；由于家族的原因，周谟频频出任朝廷显要之职。王敦死后，晋明帝司马绍下诏追赠许多被王敦加害的大臣。但是，始终没有提及周顗之名，周顗受命前往王敦军营，被王敦加害，明显是为国捐躯，也是众所周知的事，在三弟周谟的多次上疏和努力下，朝廷最终给予追赠，获得应有荣誉。若没有周谟的努力，周顗岂不白白地为国家尽忠了。

从上面三人的经历中可以看出周氏个性的不足，太过傲慢，任何人都是不讨喜的，还会丧失家族的荣誉。周顗的性格傲慢，不仅送了自己的性命，还害了兄弟及家族，值得深思之。

周访

周访，字士光，汝南周氏人。祖父周纂，官至孙吴威远将军，父亲周敏，官至西晋左中郎将。这一支周氏起自“寻阳”，东晋成帝咸和年间移治至今江西九江市西。后称为“寻阳周氏”，以周访家族为突出代表。

周访年轻时沉着刚毅，随和谦让，遇事当机立断，乐善好施。出任本县功曹时，陶侃（东晋初年著名将帅）还是县里一个散吏，周访与之结交，推荐其为主簿，并嫁女与陶侃之子陶瞻。周访被察举为孝廉，并被朝廷任命为郎中、上甲县令，但他没有就任。乡里曾有人偷周访家的牛，又在荒坟处将牛宰杀，后被周访抓获，他只是悄悄将牛肉土埋了事，并未报官，若是报官，朝廷将会对偷牛者处以重罚，因为牛在农业社会非常重要。

西晋末年，宗室司马睿坐镇江东，任周访为参镇东将军府军事。当时有一人也叫周访，犯罪应当处死，官府的人误以为就是那一个罪犯，欲将其收捕，周访力大无比，几十个人都不是其对手，过后他自己则前往司马睿府上请罪，弄清情况后，随即任命周访为杨烈将军，领兵一千二百人，屯驻寻阳鄂陵，与甘卓、赵诱等人征讨华秩，并很快击斩华秩，平定江州。司马睿任周访为振武将军、寻阳太守，并加以鼓吹、曲盖，以示优宠。不久，周访又受命与王敦、陶侃诸军共同征讨荆湘流民首领杜弢。战斗中，周访被流矢击折两颗门牙，仍神色自若地指挥水军，大破杜弢军队。杜曾也是一支流民组成的军队的首领，势力很大，王敦、陶侃等大将都不是其对手，横行江、沔一带。东晋元帝司马睿令周访率军进讨，周访只有八千人马，他亲自率军，奋勇拼杀，败走杜曾，平定汉、沔。周访以功升迁中郎将、督梁州诸军，任梁州刺史，屯驻襄阳，后又乘胜消灭了杜曾的反叛势力，使得东晋政权初创时江山稳定平安。周访最后又升任豫章太守，加征讨都督，受封为“寻阳县侯”。

但这里有一段插曲，当初王敦知杜曾势大，怕收治不住，于是对周访承诺说：“如果能擒获杜曾，我将论功让你治理荆州。”然而，等周访大破杜曾后，王敦不肯兑现自己先前的承诺。王敦嫉妒周访的威名，仅给了周访梁州刺史一职。周访大为恼怒，王敦亲自写信劝慰，并赠送玉环、玉碗表达看重之意，周访扔在地上，说：“我难道是商人和小孩吗？怎么可以拿宝物来让我高兴呢！”周访知道王敦有不臣之心，于是，周访在襄阳发展农业、训练士卒，暗藏谋算王敦的心志。王敦对其又恨又怕，但又无法控制他。

周访善于带兵打仗、抚慰军士，大家都愿意为他效命。因此，王敦在周访活着的时候，一直都不敢反叛。

周访智勇过人，为东晋中兴名将，且生性谦虚，从不与人谈论功名，将功劳都归功于朝廷的威灵。然而，他却有平定河洛之志，收复中原之心，实在是伟大之人。东晋太兴三年（320）周访去世，享年六十一岁。元帝为之痛哭，诏赠征西将军，谥号壮，并于寻阳郡立碑纪其功德。周访生有二子：周抚、周光。

周访及其后人，他们都出生在一个战乱的年代，南北之争，军阀混战，流民四起，叛乱频仍。他们都像周访一样，以能征善战知名于世，性格极其刚毅，有驾驭将士的能力，被封为侯爵者有之，晋封为建成县公有之，封为将军者亦有之，自周访以下，三世为益州刺史，共计四十一年，成为东晋股肱之臣，深受朝廷信任。

周罗睺

周罗睺（542—605），字公布，出身于寻阳周氏家族（源自汝南周氏）。寻阳周氏在东晋时期以周访家族扬名于世。到了南朝后期及隋朝，大将周罗睺使寻阳周氏再一次光宗耀祖，扬名于世。周罗睺父亲周法暠，在梁代官至冠军将军、始兴太守、通直散骑常侍、南康内史、封临蒸县侯。

周罗睺十五岁时，就擅长骑马射击，放鹰追狗，行侠游荡，纠集一帮亡命少年，偷偷修习兵书。陈宣帝时，周罗睺以军功授任开远将军、句容令。随大都督吴明彻与北齐军队作战，被流箭射中左眼。北齐军围攻吴明彻，诸军都无战心，只有周罗睺拍马奋进，太仆卿萧摩诃随即跟进，斩获无数。周罗睺又进军徐州，与北周大将梁士彦战于彭城。此时，萧摩诃临阵坠马，周罗睺在重围中将其救出，勇冠三军。当时，大都督吴明彻兵败，唯独周罗睺全师而还，因功升任光远将军、钟离太守。陈宣帝太建十一年（579），因战功，又升任右军将军，封始安县伯，食邑四百户，总管检校扬州内外诸军事。他将陈宣帝赐予的金银三千两，全都分予诸骁勇将士，此举更得到皇帝赞赏，派他出任晋陵太守，晋爵为侯，增食邑一千户，升任太仆卿。

周罗睺文武齐全，皇帝设宴，吟诗作赋，他比文人还快，才思敏捷，更是受到皇帝的喜爱和礼遇，出督湘州诸军事，入朝为散骑常侍。

隋文帝开皇八年（588）大举伐陈。陈后主面临这种局面毫无主见，只有负荆请降。而上游周罗睺所统帅的水军，却与隋军相持一个多月。陈后主在南京亲笔写信给周罗睺，令其投降。周罗睺与诸将大哭三日，纵放兵士散去，然后才投降。隋文帝以富贵抚慰，周罗睺哭着说："臣荷陈氏厚遇，本朝沦亡，未守臣节，蒙陛下所赐不死。至于富贵荣禄，非臣所望。"隋文帝十分器重他。先后任命他为上仪同三司、幽州刺史、泾州刺史，皆获得上下满意。

从另外一件事情也可发现周罗睺的个性特征，周罗睺被隋文帝任命为上仪同三司，有一位陈朝将领叫羊翔，归降了隋朝，他在伐陈的战役中，令他做隋军的向导有功，也被任命为上仪同三司，百官大臣朝会之时，羊翔被排列站在了周罗睺的前面，隋将韩擒虎在朝堂上戏笑周罗睺说："不知机变，乃立在羊翔之下。能无愧乎！"韩擒虎讥笑他不善于随机应变。周罗睺回道："我过去在江南时，久闻您的好名声，认为您是一位有气节操守的天下名士，可是你今天说的话，却令我大失所望。"说得韩擒虎面有愧色。再例如，贺若弼对周罗睺说："我听到您前往郢、汉地区指挥部队，即料到扬州地区唾手可得。结果隋朝军队很顺利就渡过长江，一如我所预料的那样。"周罗睺回道："如果我能够率军和您对阵，那么双方谁胜谁负还很难说呢！"韩擒虎和贺若弼都是随杨广进攻陈朝首都建康（现南京）的大将，功勋卓著。但周罗睺并不将他们放在眼里，说明了他对自己有自信，也证明他有周氏后人特有的不服输的个性特征。

曾跟随大将杨素出征讨伐突厥达头可汗时，周罗睺对杨素说："敌人尚未整齐队伍，请予出击。"得到杨素同意后，周罗睺率轻骑勇士二十八人直冲敌营，短兵相接，激战两个时辰，大破之。周罗睺进位大将军。仁寿元年（601），周罗睺为东宫右虞候率，封义宁郡公，食邑一千五百户，后又转任右卫率。

隋炀帝即位，授任周罗睺为右武侯大将军。在讨伐隋文帝第五子汉王杨谅时，周罗睺又立大功，进授为上大将军。

公元604年，陈后主死于洛阳，周罗睺得知消息后，非常悲痛，请求前往悼祭，经批准后他穿着丧服，亲自送葬（葬洛阳北邙山），葬礼完毕才脱去丧服上朝，此举受到炀帝嘉赏。当时舆论也称赞有加，认为周罗睺懂得感恩，不忘当年陈朝对周氏父子的信任（注：在陈朝时，周罗睺为雄信将军、散骑常侍、太仆卿，常随后主左右）。

在围剿隋文帝第五子汉王杨谅余部的战斗中，周罗睺不幸被流箭射中阵亡，享年六十四岁。周罗睺死后追赠柱国、右翊卫大将军，谥号壮。后有《隋周罗睺墓志》出土，与此相印证。

周墀

周墀（793—851），字德升，汝南周氏后人，因汝南周氏在向外迁徙的过程中，其中一支迁徙至永安黄冈（今湖北黄冈），形成一个新的郡望。这个郡望在梁、陈时开始以将才显名于世，他们以汝南周燕为始祖，至周墀的时候，已有近千年的历史了。

周墀于唐穆宗长庆二年（822）中进士，被辟为湖南团练府巡官，后入朝为监察御史，又迁至起居郎。周墀因擅长古文又有修史之才，极受唐文宗器重，召补集贤殿学士。因当时朝廷牛、李党争，互相倾轧，而周墀所任的职务都是在皇帝身边，皇帝有什么情况都会向周墀随时咨询，其言论很受皇帝赏识。

一段时间，皇权更迭，牛、李两党权位互换，周墀也因此受到牵连，被外放为官，但也总是比较重要的位置。

周墀善于治军，号令严明，赏罚分明，部下宿将凡有暴戾违纪者，一律处于鞭刑，对自己的部下管理得更严，军队大治。唐大中二年（848），周墀召入朝廷，任兵部侍郎，判度支（负责银两预算，现今叫财务主管），随即以本官加“同中书门下平章事”，在唐代，此职位即为“宰相”。之后，周墀又累迁至银青光禄大夫、中书侍郎，监修国史，兼掌刑部尚书。几乎是从军队到财务到刑部，再到修国史，周墀一人干个遍。为什么皇帝对他如此信任？因为周墀在任上，不避权贵，不徇私情。河东节度使王宰，曾用重金贿赂权贵，想让自己加“同中书门下平章事”一职，以便领宣武节度使，周墀力劝宣宗作罢；驸马都尉韦让请求为京兆尹，周墀也予以驳回。由于周墀坚持原则，刚直不阿和铁面无私，朝廷风气为之一振。

但由于他过分刚直，甚至敢和皇帝的意见不合，导致被罢去宰相一职。驸马都尉郑颢对宣宗皇帝说：“世谓墀以直言相，亦以直言免。”即世人都说周墀因大胆直言而当了宰相，也因为他大胆直言被免去宰相。宣宗闻言，心有所动，但他不好收回成命，就追加周墀为检校右仆射，相当于副宰相一职，加食邑五百户。

唐大中五年（851），周墀病死于剑南东川节度使任上，享年五十九岁，追赠司徒。

周允元

周允元（？—695），字汝良，父周基，汝南周氏后人，奉汝坟侯周仁为始祖。周允元青年之时便中进士，武则天延载元年（694），累迁为左肃政御史中丞，旋即又升迁为凤阁鸾台平章事，即宰相之职。

有一次，武则天宴请诸位宰相侍臣，令各自讲述儒家经典书籍之中的上佳语句，周允元诵了一句“耻其君不如尧舜”，这时，身为武则天侄子的武三思闻言，以为周允元是在含沙射影，予以指驳，武则天说：“闻此言足以为诫，岂特为过耶？”即听到这样的言语足可以引以为戒，哪里还能归罪于人呢？虽然，周允元这句话谁都能听出有言外之意，然而，武则天却能利用此句话引以为戒，证明武则天也不失为一位女中豪杰。公元

695 年，周允元去世，武则天十分感伤，特作一首七言诗以示哀悼，并亲自抄写，以示恩宠，当时的人们能以受到武则天的赞扬为荣。周允元死后被追赠为贝州刺史。

根据《新唐书·宰相世系表》载："汉汝坟侯周仁裔孙周燕，周燕裔孙周表，仕梁为义、衡二州刺史，袭爵蓬陵侯。周表子周才卿，官至隋德、延二州刺史，封永城侯，谥号敬。周才卿子周怀义，为唐太子右宗卫率。周怀义之子周基，字崇业，官至常州长史。周基之子就是周允元。"从这段记载中，我们便看出周允元与汝南周氏先祖周仁的具体传承关系。

第二节

周氏杰出宗人简述（宋代之后）

自宋以后，由于战争和气候的作用，人们逐渐将目光投向中国南方地区。唐朝末年的农民大起义，形成了五代十国的局面。到了宋代，中国又实现了统一。北宋末年，金兵南下，北宋灭亡。南宋朝廷在临安（今杭州）建立，形成偏安江南的政治局面。此时的南方，气候适宜，又有大批汉人涌向江南地区，更加带动了经济发展。从经济发展这一点看，南方已超过北方。因此，人们纷纷往南方迁徙，周姓人也与其他家族一样，纷纷到达南方地区。当然，周姓的先祖早已到达南方，只是此时有更多的周姓人进入该地区。江苏、浙江二省最多，至今仍是周姓人最密集地区。据《中华姓氏通史·周姓》中记载："宋以前正史入传的历朝周氏人数通计约六十余人，而自宋以来，《宋史》中周氏入传者约三十人，《明史》约七十人，《清史稿》有近四十人。"

因为金陵汤山孟塘周氏是汝南周氏后人，于是本文摘录部分汝南周氏宗人的史料，以供参阅。

周敦颐（1017—1073），字茂叔，汝南周氏后人。

据民国二十六年（1927）编纂的《绍兴县志·姓氏编》记载：汝南周氏的一支，在唐代宗永泰（765—766）年间，周崇昌仕至廉州（今广西合浦县）刺史，居于道州宁远（今湖南宁远县）。其裔孙周从远迁于营道濂溪（今湖南道县境内）。周从远子周知强，周知强有五子，其中第四子周辅成，为北宋真宗大中祥符八年（1015）进士，官至桂岭令。周辅成有三子，第二子就是周敦颐。

周敦颐本名叫敦实，生于道州营道濂溪，因避宋英宗"宗实"之讳，改为敦颐。濂溪古村落也，又名楼田村。公元1017年五月初五日，周敦颐就出生于此村。他15岁丧父，随母投奔舅父龙图阁学士郑向。24岁出任分宁（今江西修北县）主簿，办事干练，被推荐为南安军司理参军，当时有一个囚犯，罪不至死，而转运使王逵是一个酷吏，欲深究其罪，置之死地，众人不敢与之相争，唯独周敦颐敢站出来申辩，意见不被采纳，便欲弃官而去，说："这样的官还能当吗？以杀人来取媚上司，我不干！"王逵终于醒悟，囚犯得以不死。后来，周敦颐迁任郴州桂阳令，业绩尤为显著，后又迁任南昌县知县。县民都说："正是此人判决分宁悬案，大家逢冤，有地方可诉了。"后来又迁任合州判官，州内大小事务，凡不经其手，属吏不敢轻易处理，即使处理下发，百姓也不听从。按察使赵抃听人说其坏话，便摆出威严的样子前来考察。周敦颐却是神定自若，泰然处之。后来周敦颐调任虔州通判，知府正是赵抃，他目睹了周敦颐的所作所为，终于恍然大悟，知道是有人故意进谗，他握住周敦颐的手说："吾几失君矣，今而后乃知周茂叔也。"熙宁初年，周敦颐升任郴州知府。受赵抃和吕公著的大力推荐，出任广东转运判官，兼任提点刑狱。周敦颐以刷洗冤案、造福百姓为己任，不畏劳苦，深入瘴疠偏僻之地，访问民间疾苦，深得人们的爱戴。

周敦颐后因身体有病，求知南康军（治所在今江西星子县），遂定居于庐山莲花峰下。这里有一条溪水，注入湓江，颇似营道老家的濂溪，周敦颐遂以"濂溪"来命名。日后人们也将周敦颐称作"濂溪"，在此，他写出了《爱莲说》这样的不朽名篇。宋神宗熙宁元年（1073），周敦颐病逝，享年五十七岁，葬于道州德化县清泉社（今九江市十里铺周家湾）其母墓旁。到了南宋淳熙三年（1176），江州知州潘兹明在周敦颐的旧居修建濂溪祠，并请理学大师朱熹撰写《濂溪先生祠堂记》。明代弘治年间又重建该祠，现在保存完好。此外，在今江西庐山脚下的九江市东南郊还有一座周敦颐墓，就在当年的濂溪旁边。明英宗在正统元年（1436）诏修祠堂和墓，墓前建有濂溪祠。祠前有二池，池中种莲。墓的左右为太极图碑和像图石碑，墓前五里有墓道，还有墓

濂溪祠

道亭、墓道碑、石牌坊。后代多有重建，惜“文革”遭毁，现在的墓为20世纪80年代后期重修。

周敦颐三十年仕宦生涯，他淡泊名利，锐志学术，对生活索求不多，所获钱财，常用来接济贫苦人家。黄庭坚称赞他“人品甚高，胸怀洒落，如光风霁月”。他是两宋理学先驱者和奠基人。他的《太极图说》用以明天理之根源，究万物之始终。他提出宇宙万物起源的学说，认为宇宙的本源就是太极，太极的动与静产生出阴与阳，阴阳二气交互作用生成金、木、水、火、土，即“五行”或“五气”。他创造的理论很符合统治者们的需要，又经过程、朱的继承和发展，使他这一套哲学理论最后成为在宋、明时期占统治地位的思想理论，即“程朱理学”。全国有许多地方都建有“濂溪书院”。宋代周敦颐还被封为“汝南伯”，元代追封“道国公”，子孙世袭各种荣誉。

从目前获得资料显示：国家已经对周敦颐的“濂溪故居”进行科学考古和论证，2011年5月27日的《中国文物报》刊登了湖南省文物考古研究所的专家们所做大量的调查、勘探和考古发掘等田野工作，梳理了周氏家祠的族谱，找到了周氏完整的谱系及子孙繁衍的状况。周敦颐子孙遍及大江南北。虽然纷繁复杂，还是有据可查、有史可究的。我们相信，在不久的将来会恢复这一重要的历史文化遗产和遗址，我们周氏后人将感谢这个时代，感谢湖南省考古研究所的同志们所做的一切工作。

湖南省文物考古研究所的研究认为：“周敦颐的先祖在魏晋及隋唐时期，北方的战乱导致士族南迁，周氏族系也在这样的大背景下从中原迁徙到了南方。几经周折，直至周敦颐的祖父在道州楼田扎下根来。目前濂溪故里的周氏宗祠和族谱详细记载了自周敦颐祖父以来的完整谱系，子孙繁衍到今，已逾26代（注：统计有误）。绍兴周氏、诸暨周氏、九江周氏和黄梅周氏都渊源于此。”（注：在前面《周氏探源》章节中认为金陵汤山周氏及句容县东北部分周氏与绍兴周氏的周敦颐第十三世孙周

茂后人而形成的一支“后马周氏”，都为同源，统统都归宗为周敦颐之后人）

周氏形成族望有50余处之多，大家在写家谱时，都称是周敦颐之后人，且记载的与周敦颐出生地湖南道县楼田村《濂溪故里周氏族谱》相吻合。

周寿

周寿，字元老，后改字元翁，周敦颐长子，北宋元丰五年（1082）黄裳榜登第，曾任吉州司户，官至司封郎中，有六子，后迁居江州。

周焘，周敦颐次子，北宋元祐三年（1088）常宁榜登第，后出任成都知府，官至朝议大夫徽猷阁待制，有三子。

周縯，周敦颐之孙，官至通判蕲州，有四子。

周直卿，为周縯次子（周敦颐重孙），居南康，称南康族。朱熹为南康军太守，他要重新修复周敦颐的“观莲亭”。到处搜求《爱莲说》墨迹，周直卿因是周敦颐重孙，将家中珍藏墨迹捐赠。

周靖，周敦颐后人，生于北宋徽宗崇宁元年（1102），宣和二年（1120）举进士，以中江主簿转郴州录事，后以太常博士随高宗皇帝南渡，居在杭州，官至国子监博士。南宋绍兴十一年（1141），有感于岳飞被害，中原收复无望，遂退隐诸暨紫岩。紫岩在浙江中部偏北，岩石因呈紫色而名，周靖退隐此处繁衍生息，逐步形成一支望族。据清光绪三年（1907）重修本诸暨《周氏家谱·紫岩分族图叙》记载："周氏自南渡居诸暨之紫岩，历宋、元、明以迄清代，子姓蕃盛。迁居成族者五十余处。"这段记载其实在说周靖南渡后，见中原收复无望，便隐居紫岩，至清朝末年，已在此繁衍子孙，成族者达五十余处。

周亥，周靖之子，周敦颐后人，南宋绍兴八年（1138）中举人。次年，周亥登黄度榜进士，官至大理寺评事，追赠中奉大夫。周亥生二子，其后代又繁衍出新的周氏族望。

周澳，字希衡，号楮斋，周敦颐十世孙，元世祖至元（1264—1294）年间，由贡举中选补行省令史，生有三子。这就是绍兴周桥周氏，在今绍兴齐贤镇西南，因周澳定居在这里，他便是周桥周氏的始迁祖。后来其子孙繁衍又形成绍兴后马周氏。

周茂，周澳曾孙，周敦颐十三世孙，字元泊，号茂庵。周茂从周桥迁居三公里外的后马，成为后马周氏的始祖。据宝祐桥周氏族谱《周氏破塘祖茔祭簿》记载："周茂是进士出身，官至左丞相，特进金紫光禄大夫，封沂国公，赠太师。"年轻时周茂入赘后马村缪员外家，遂定居于此，形成了明清两代著名周氏望族。据《嘉庆山阴县志》载，自明后期至清嘉庆200余年的时间里，后马周氏共出了至少三位进士（据《周氏家谱》载为12位进士），举人多名，许多人还有著作或文集留世。载入《嘉庆山阴县志》的明清两代后马周氏名人有：周端、周述学、周洪谟（注：非四川长宁周洪谟）、周懋谷、周长发、周宾雅、周柄曾、周应宿、周大枢、周铣（谱作士铣）、周钺、周镶。他们都是周茂后人。

最后总结出一点就是：后马周氏非常重视读书致宦的传统。同时，后马周氏为人多忠厚亲民，做官为政一方则勤政爱民，多行善事，在家则事亲甚孝，义行四方。因此，当地有“张溇多旗杆，后马多师爷”的民谚。

第三节

孟塘周氏宗亲及部分人员简介

日本人侵略中国时，父辈们在“跑反”中将太爷爷编撰的孟塘《周氏宗谱》四部族谱全部遗失或烧毁。因此，重修家谱，就是我们周家人的历史责任，尤其是本人的大哥周维明和二哥周维星，常对我谈起此事。他们认为我在博物馆工作可能对此项工作要熟悉一点，其实不然，此项工作涉及很多方面，比如要研究大量族谱、碑刻、谱牒、考辨补遗等。但长辈们的信任是力量之源，本人勉为其难地进行十年收集和整理，终于有了一些眉目。本人对孟塘的村史、对周氏祖茔走向及方位进行了研究，还前往江西、浙江等地方进行调查，对有关遗迹进行拓片、拍照等现场收集整理工作。然而，写家谱是一项谨慎而细致的工作，即使是推测，也要有一定的科学依据和凭证，本人就是按照这个原则去做的。从目前看，周氏先祖已经自商周—秦汉—六朝—唐宋—明清，一直考证到了清乾隆元年进士句容知县周应宿，以及我南山祖茔乾隆三十四年(1738)的周尚贵，还有其母亲周应宿夫人“□老孺人”，还有清嘉庆十九年（1814）的孟塘村乡绅权威人士周聚豪、清道光二十六年（1846）射乌山先祖周万顺。经过艰辛的考证工作，本人认为孟塘周氏的家族历史沿革已被整理清晰。

本次编写家谱的目的有两个：其一，厘清金陵汤山孟塘周氏是哪一支周氏后人（《探源》一节已有交代）；其二，随着近现代周氏后人逐渐增多，大多数已不知自己班辈，久而久之，必然会糊涂、会乱辈，尤其是在外地工作又久居异乡，最后容易出现祖宗是谁都不知道的现象和状况。这对于周姓家族来说，是相当大的失败，既愧对先辈，也是对后人的不负责任，这就是编写家谱的最原始的想法和目的所在。

此次写谱比较单纯，人员涉及较少，按照修谱规定：知者录入，不知者可考证推断，不可妄下结论。编者主要录入了自清乾隆年间之后的部分人员，这些都是在周氏祖茔之中的人员。关于在句容一带的周氏和汤山一带的周氏，因长期没有联系，也不敢贸然写进家谱，但父辈们都交代过，这一带的周氏是一支宗族。现在已经清楚这一支周氏家族都是周应宿的后人，是绍兴后马周氏的传人。此次编写家谱，为了方便起见，编者是按照自己的口吻进行写作的，许多看法与评论也是编者的个人观点，不一定正确，因为了解和接触不多，不免会有偏颇。列入家谱人员的大多数资料是由其本人将简历送交给我，我略做增减而成。这项工作对我来说比较为难，常常是内心和笔下相互矛盾，理智与情感互相冲突，总想写一本让后来者一看就知道周家人先天的优点和缺点的书，可是实际写作其实太难，编者尚缺乏这样的水平。此次编写了部分人员的简介，对在世之人，其评论较为浅显、谨慎，已仙逝者比较客观，目的只有一个：让后来人知道周姓之人的基本状况。

一、始迁祖句容县令周应宿

周应宿，字研山、念山，号葆山，周敦颐后人，绍兴后马桥人，清雍正七年（1729）举人，乾隆元年（1736）三甲第134名进士，性爱读书，精画松石，著有《葆山诗抄》《学易快编》等书。乾隆二年（1737）周应宿由庶吉士授句容知县，在任期间，以赈灾济民为人们所称颂。《乾隆句容县志》卷七《名宦传》有周应宿记载："二年，出为句容令，甫下车即值叹旱，公即进寮佐集坤度救援之法。"周应宿刚到任，便遇上句容一带大旱，立刻安排下属请地方乡绅来共商办法，并拿出一部分官银与乡绅们捐助款，选定可靠实在的人走川入广采购粮米预为贮备。待到饥荒来临之时，周应宿不顾个人的辛苦，风餐露宿地在各处现场指挥，并根据各个村子的远近和孤寡老弱的具体情况，分别设置了五处粥厂来实施紧急救助。他这样精心细致的务实作风，在大灾之年救活了当地穷苦百姓达九万余人。使得这里的人们普遍对周应宿产生了敬重与信赖，《县志》中这样记载："民方待哺，而市民未及饥而蠲（音捐，免除的意思）赈，继公亲履蔀（音部，遮蔽的意思）簷（音言，屋檐的意思），分别老弱孤独，虑其度村墟远近，设五粥厂，以相待籍，以活者九万有余口，不继请发常平仓粟，以济之。"另外，周应宿在任上还兴修水利，修筑官道和城壕。那么劳力从哪里来？他让青壮劳力能够凭借自己的劳动换取口粮，这样，每天就有数千人来参加劳动，劳力问题解决了。口粮又从哪里来？他指着麦田告诉大家，麦子成熟的时候，我会双倍地补偿给你们，这样，百姓们虽然还在饥饿之中，但由于信任和希望，也仍然乐意来干活。后来，他兑现了先前的承诺，他这样做法，收到很好的效果。上司知道后，在全省推广，认同周应宿救荒与办事的方法，还"通省表彰之"。周应宿踏实的办事作风，为劳苦大众着想的行动，感动着当地群众，使群众对其产生了信任，在没有粮食的情况下，居然能带领百姓干活，达到"望梅止渴"的效果，也为他今后留居此地提供了基础。

周应宿喜欢读书、写字、作画，是一位多才多艺的县令，据《越画见闻》记载：他"性爱读书，惟日事铅椠"，"生平不以画名，殊耽绘事，纵笔所致，落落大方"，由于过分沉浸于读书与作画，也耽误一些行政事务方面的事，特别是对上司方面的应酬，就显得文人气太浓。周应宿这一特点也让我想起另一个人，那就是郑板桥。郑板桥也是在乾隆元年考中的进士（与周应宿同年进士，郑板桥进士第 88 名，周应宿进士第 134 名），郑板桥做官之初，重视农桑，体察民情，做了许多得民心之事，后来见官场腐败，写横幅“难得糊涂”之时，也是想让自己的心情能够平静，他为官十年，洞察官场种种黑暗，逐渐就有了退意，61 岁时终于辞官挂印，以卖画为生。周应宿又何尝不是呢？他们同处一个年代，社会现象相似，社会腐败普遍存在，我们只知道“康乾盛世”，实际上此时的社会百姓很苦，生活艰难，天灾人祸很普遍，所谓太平盛世不过是统治者粉饰太平的一种手段，作为一个想为民办实事的清官、廉官，就会与世道格格不入，他们发泄的方式各有不同，周应宿以画鹳鹤与松石来表达自己的心情，郑板桥则是以画兰竹与奇石来表达自己的心情。“纵笔所致，落落大方，他这样不肯摇首转目作鹳鹤舞，而姿态自觉有余。尤精画松石，苍老奇倨之状，往往出人意表。”这段记载中，非常明确地说明了周应宿作画思想。他这样不肯献媚上司，有些清高，就造成了其与世道格格不入的处境。后来，句容县衙署被盗，他就因此被罢了官，也就非常自然地离职乡居了。

周应宿仿刘松年画作

但是，当地的百姓却认为周应宿是位好官、清官，是一位值得亲近的官。当得知他被罢官后，当地百姓认为这是非常大的不幸，“咸以为数厄吾民，而夺吾令也，相与泣涕”。周应宿自己也认为，虽署府被盗，自己有不可推卸的责任，但不至于被罢官，仍抱有一线指望，他坐等消息，不去上司那里沟通与走动，也不去找自己同为“后马周氏”同宗同族的乾隆身边红人、侍讲学士、入直上书房的“帝师”周长发。其结果可想而知，并未等来朝廷对他的恩典。《乾隆句容县志·名宦传》中这样记载：“将之后得减议，居容数载，惟日以文章相启迪，先之以父母之慈，而继之以师友之谊，至今有遗颂焉。”被罢官之后，周应宿一边等待，一边教人读书，在句容一待便是数载，当年的父母官，今日的师友情，充分反映了当年周应宿的生活景象。（文人的清高和书卷气是不会成其大事的，周氏后人应予以改进——编者语）

编者分析认为：周应宿一定也想着回绍兴老家，但碍于面子，毕竟是罢官之人，回乡后必有闲话扰人。句容一带他有群众基础，有威信，深受当地人拥戴，于是他便在此地留居了下来。为了不打扰下一任县令的行政事务，他选择了距离句容县城10余公里的汤山孟塘居住了下来。孟塘虽山野之地，但自古交通就很便利，山水绕村庄，宁静而不荒凉，非常适合周应宿的个性需求。据《清高宗实录》卷六百二十三的记载，他在乾隆二十五年（1760）之前离世。周应宿追求平淡宁静的性格，使得他没有让绍兴老家的族人知道自己已经故去的消息。因此，在绍兴的《周氏家谱》中就没有找到周应宿的相关消息。

周应宿在此地定居生活后，自然地形成了周氏一支，在孟塘南山方冲周氏祖茔上至今仍残留有“乾隆三十四年（1769）周尚贵之墓”，有道光年间的一位“孺人”之墓，还有相当规模的祭台石刻，其下方可能还会有享堂。在射乌山的周氏祖茔上有“大清道光二十六年十二月”的周万顺祖碑；还有一块捐修了孟塘大庙的“功德碑”，此碑为清嘉庆十九年（1814）所立，当时的周聚源为孟塘村中之乡绅，具有一定的号召力。

编者多年的文博考古工作实践证明：其一，在句容、汤山一带的清代墓地，几乎没有如此规模的享堂与祭祀台（注：清代的丧葬制度与明代截然不同），而南山方冲周氏祖茔是具有一定规模的清代墓葬；其二，清代规定：孺人之称号为“七品官的母亲或妻子的封号”，因此，方冲周氏祖茔应是周应宿与夫人、儿子及后人的家族墓地；其三，周聚源能够成为孟塘村的权威乡绅，一定有其历史背景，其背景就是周应宿，乾隆年间距嘉庆年间仅有短短三四十年左右，此地的人们对周家有信任，有感恩。

文博考古工作者，对任何事情都会究根寻源，带着诸多疑问，笔者又亲往周应宿的老家绍兴后马桥了解情况。盛夏八月，炎热无比，通过熟人介绍，见到了家住“后园渡”的92岁文史专家、画家周世昌先生。他原住在后马桥的“西周村”，对周家历史比较精通，但对周应宿却不太知晓，他告诉我，东周村与西周村仅一路之隔，古代时，西周村出过文人，做官之人；东周村出渔民，较为贫困。因为这一地区是著名的水网地区，有大太史湖、小太史湖、大坂湖、小坂湖，渔业兴旺。编者在这一带看到水网发达，人们依河而居，古街古巷、古桥古码头随处可见，仍然是文化趣味十足的水乡古韵。周世昌先生一家三代都是书画家，可能是周氏后人遗传的基因在起作用吧！

老人的形象和举止，真与笔者的父亲有许多相似之处，于是，请他合影一张以为纪念。笔者又通过街道文化中心的小周，了解到西周居委会原书记周水宝先生，他正在续写《周氏家谱》，与其交流后得知，他目前正在记录的家谱，是近20代的家族成员，并拿出不少资料给我，但问及周应宿的情况，他基本也是不知，他告诉笔者，其家谱中记载的12位进士，已经查找到10位，却没有乾隆元年获得进士身份周应宿的资料。这进一步

绍兴后马西周村瓜田庙

确证，周应宿未回到老家绍兴，未葬回老家之祖茔，同时也证明《乾隆句容县志》所载：他是在句容留居了下来。

如今的绍兴后马桥，已是一座现代化城市，原先的“东周村”“西周村”早就不见，仅存一座“瓜田庙”是旧的遗迹，也被人为地改建了许多。我走进这座庙后，不禁感慨万千、心生敬畏，上了一些香火钱，跪拜先祖保佑平安。

周应宿是江宁汤山孟塘与句容东巷、南巷这一区域周姓人的始迁祖，是清代乾隆年间由绍兴后马桥来到此地的。

周应宿是一位好官，也是一位有思想的好画家，在《乾隆句容县志》中，他与著名好官徐九经（已改编为戏剧和电视剧并广泛好评）同被录入《名宦传》之中。

始迁祖周应宿虽然官品级仅为七品，没有祖先之高，但他为民办实事的风格，得到人们的称赞，为周氏家族赢得了荣誉，为我们后人树立了榜样，也希望后人能够传承下去。

周应宿在句容时曾留有一首诗：

留别华阳绅士

归去华阳客路迢，一湖秋水木兰桡。

茅山道士如相问，人在南塘第五桥。

二、功德乡里周聚源

根据清嘉庆十九年（1814）一块“功德碑”获知：周聚源是孟塘村有威信的人，碑中资料显示：“孟塘地方旧有庙宇倒塌多年，仅存基址，李少白随父官滇归来，见其情形，遂同周聚源、僧德莲，邀众重建庙宇，奉祠龙神。”周聚源嘉庆十九年功德碑拓片全文：“盖闻五湖四海神禹治水之功，三江九河龙府专伺之任，行云行雨赖雷于□香飞雪飞霜，主丰□于欠□天有时而地有利，地有利而人自和，时□之泽尽赖龙君，禾苗之丰全凭雨泽，凡是山居之人，全靠如膏雨润，我五村六社必须年敬龙神，孟塘地方旧有庙宇，倒塌多年，仅存墓址，今李少白随父官滇归来，见此情形，遂同周聚源、僧德莲，邀众重建庙宇，奉祀龙神，人喜神欢，丰资乐庆，永垂不朽云尔。”

今□各村助建功德诸公芳名开□：“安基山、西葛墟、柏家庄、侯巷、孟塘……嘉庆十九年小阳□吉旦。”以上材料的意思是孟塘古代有一座大庙已经倒塌多年，仅剩一些基础，一位叫李少白的白家庄人（现在称柏家庄）随父亲在云南做官后回来，主动提出恢复旧的庙宇，邀请孟塘村中有地位、有号召力的乡绅周聚源协助，又邀请僧人德莲做大庙主持。这样，附近的五村六社的群众都参与了进来，恢复了孟塘大庙。据说，该大庙始建于南朝，与宝华山宝志和尚有关。

从这一方功德碑中我们可以知道，周聚源是孟塘乡绅大户，有慈善之心，并且有威信、有号召力，也证明他的祖上在此地有德行可赞，这些都应归结到做句容县令的周应宿身上，此相距年代大约在30—40年左右，周聚源为周应宿之孙辈。这样的推论是比较合理的。

孟塘大庙在新中国成立后改建为学校，编者从小学一年级到初中均在此学校读书，对这里的一草一木均极其熟悉并且有强烈的感情。现“功德碑”仍保存在周氏后人手中。2020年初，孟塘将彻底被推平，编者为了保护仅有的一点遗存，将此石碑无偿捐给江宁区博物馆永久保存。

三、对孟塘周氏的点滴记忆

曾祖父周支显

人一旦上了年纪就特别恋旧，怀念从前的美好时光。尤其是像我这样的人，从小生活的村子没有了，父辈们基本上一个一个地走光了，找不到讲话的人，看不见过去熟悉的一砖一瓦，一街一巷。眼前的事情记不住，但儿时的印象却无比深刻。借着撰写《绍兴周氏在孟塘的一支考》一书，将自己少年时代的点滴记忆汇入进去，也是对家乡的留念和对亲人的缅怀。

青春难再，每当回忆过去，常会泪流满面。虽然要

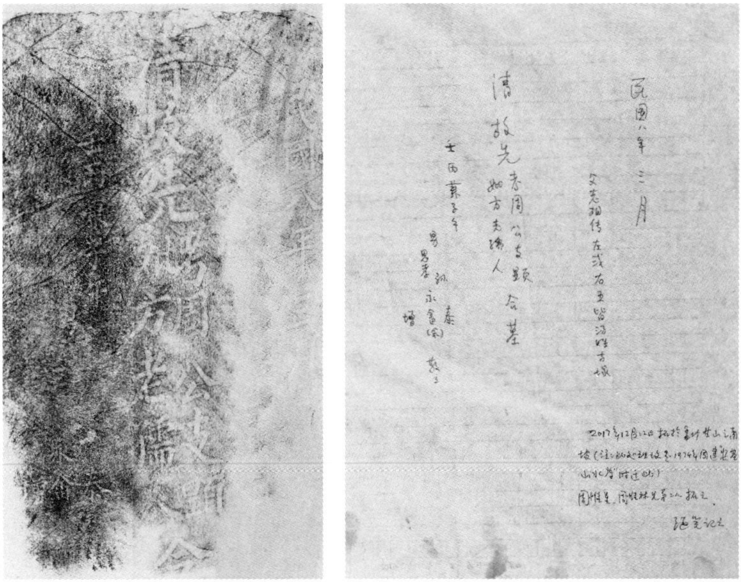

清 “方老孺人”墓碑拓片

写入的人和事非常多，但也不可乱了宗旨，所以只能写写自己的亲人吧！

周支显（？—1919），编者的太爷（曾祖父）。在1968年前后，一次听父亲在灶下烧火时唱戏，这是我有生以来第一次听到父亲唱戏，其声音如龙吟，低沉而圆润。当时，我已十几岁，正值“文革”时期，父亲经过几次运动，一切较为慎重，我说：“爹，你还会唱戏嘛！”因为父亲当时心情比较好，就对我说了一些我从未听说过的事。他告诉我，太爷当过官、教过书，爷爷是私塾先生等等。时至今日，我对其他事情的记忆已不太清楚，但对父亲说过祖上当过官、教书先生一事还记忆犹新。周支显与夫人“方老孺人”的合葬墓，为我们提供了相关证据：因为孺人封号在清代有规定是七品官的母亲或妻子的封号，所以，周支显是清代的一位七品官员，或相当于七品官员应是事实。我们孟塘《周氏家谱》就是周支显编写的。此家谱已在日本人侵略中国时被烧毁。周支显卒于1919年，生有一子一女：周思孝、陈周氏。

祖父周思孝

周思孝（生卒年不详），编者的祖父，私塾先生，曾在句容的南航村、东航村、琅邪村及周边地方教书。因日本人侵略中国，以及民国时期一般城镇都有了公立学校，凡教私塾者必须要求考取资格证书，因此私塾先生逐步地失去市场，他们的家庭收支逐步也陷入困境。周恩孝生有三子一女，他教子女们读书识字及会计，但都未能接替其教书的事业，全部改行，长子周永余从商，次子周永增务农，三子周永祜学圆木手艺。

周氏节女陈周氏

陈周氏，周支显独女，生于 1893 年，卒于 1976 年。编者的姑奶奶，18 岁由父母做主嫁于句容东巷琅琊村陈姓大户，因陈家儿子生病，急需娶媳妇过来“冲喜”，于是，姑奶奶就这样被嫁入陈家，大约仅两个月丈夫便去世了，留下一个遗腹女（长大嫁给邻村东巷谢家）。太爷爷周支显是秀才出身，做过官，是当地有名的私塾先生，家族家规非常严格。有“女子应当守妇道名节”“马无双鞍，女无二夫”的宗训，使得姑奶奶一个 20 岁不到的年轻寡妇，只能是独守青灯，吃斋念佛，抚育遗孤，过着永无止境的寂寞生活。听姑奶奶说她这段往事：过的是童养媳日子，公婆比较厉害，从来只能吃剩粥剩饭，常常是馊了的也让她吃。姑奶奶没有儿子，陈家便让侄子过继给姑奶奶，表叔对姑奶奶不错，因为是大户人家的孩子，有一定的教养，对姑奶奶还是比较孝顺的。每年春节我们都要去拜年，大年初二，姑奶奶便会站在村头等我们，我最喜欢吃姑奶奶烧的菜，她信佛吃素，弄一桌子素食让我们吃。从小我最喜欢姑奶奶，因为我从来没有见过爷爷、奶奶、公公、婆婆。每次去姑奶奶家，姑奶奶来都要带一腰箩的花生给我们吃。她三寸金莲的小脚，走十几里的山路真是不易，通常来了都要住上几天。我特别喜欢姑奶奶，总是怕她回去，想多留她几天。有一次，我对姑奶奶说："姑奶奶，你什么时候走啊？"此时，姑奶奶脸色大变，以为我是在赶她走，说道："你想让我走啊！好的，我马上就走。"果然，姑奶奶走了。母亲知道后，骂了我一顿，说："说出口的话就如同泼出去的水，难以收回了。"至今我还记得当时的情景。孟塘周氏是大户人家，姑奶奶是受过"三从四德"教育的，一双脚大约在几岁就被缠上了，每次洗脚总不让我们看到，出于好奇心，我非要看到不可，姑奶奶没办法，让我看了一次，真是可怜，仅有一个小脚桩，所有的脚背和脚趾全部被压在脚底板下，真是疼啊！叫人如何走路啊？叫古代妇女如何劳动？十几里的山路小道是如何走来的呀？姑奶奶没有一颗牙齿，一颗花生米从早上磨，直到我家的几个小时还是整的呢，一双小脚早就血泡粘在一起了，现在想起来仍然难过。

姑奶奶到80多岁时，已经是高龄老人了，但仍然住在二楼。有一次，她不小心从楼梯摔了下来，眼看不行了，刚好我回家休息，知道后就买了蜜和炼乳等，骑上自行车去看望，我见到她时，她已不省人事，我叫了她好几声，她也不知是谁，我将蜜糖水喂给她喝了几口，姑奶奶说："蜜糖水真好喝"，此时她人也醒了，也认出我了。事后表叔对我说："不能喂，这样又要多活几天，活受罪啊！"现在我知道了，农村中普遍是这样的，一旦老人不行了，就什么也不喂，也不就医，更不谈去医院挂水，没几天，姑奶奶真的去世了。唉！有一年，我在宜兴丁山镇演出，梦见姑奶奶开了一家茶馆，生意还蛮兴旺的，醒来才知道那天正巧是清明节，我虽然很思念姑奶奶，但知道老人家在另一个世界过得很好，我心中真的好过多了。

周永余，周李永兰及其子女

周永余，生于1913年，卒1993年3月（农历三月十六日），出生于孟塘村周氏，孟塘周氏第十代，排行长子，父：周思孝，母：周李氏。

周永余像——编者父亲

编者父亲周永余，14岁到南京城里水西门香烛店当学徒，因识字，能会计，又表现好，被老板赏识，后来当了大掌柜。据父亲周永余自己讲：当年生意最好时，“银大头”可用“贯盒”（农用工具，器形大）装，生意做到新加坡、马来西亚、泰国，还有苏北的高邮、宝应、泰兴，从邵伯船闸运往北方地区。当时我小，对此没有什么概念，现在知道当年的商店所做的生意还是具备了一定规模的。编者从小经常随父亲在水西门的家中居住，依稀还能记得一些事情，如：钻进柜台里乱翻，被父亲揪出一顿打，尝到了调皮的苦果，还记得家住在水西门的99号，前面是门店，后面是居家，靠秦淮河边，我在家里就可以看到水中的水草和小鱼，看到人们在河边洗衣、洗菜。新中国成立后，政府不准生产香烛，认为是迷信，因此，水西门香烛店关门，其他员工选择别的工作。父亲1962年便选择回到乡下，因为父亲那时在城里的生活已经非常困难。其实，在1960年，三年经济困难时期，城里人的生活可能比乡下更困难，母亲弄了担胡萝卜进城，结果被沿途市民一抢而光。父亲认为还是乡下好些，因此就回乡了。母亲与父亲争吵时，我记得有一句话：“千行万行种田是上行”，这一句话也是母亲拿来堵父亲嘴的话。因为在农村是非常辛苦的，父亲从小就没有种过田，更别说耕耙之类的技术活。不过，父亲好歹能做会计，于是，父亲就成为当地的“老会计”了，只要提“老会计”，谁都知道就是我父亲周永余。

父亲在城里待了几十年，也有几位朋友，记得他有一个师兄弟，在鼓楼运输队，我们生产队会编筐的人很多，生产队将编好的筐用运输队马车拉去城里卖，生意很不错，到年底分红时，孟塘二队在当地总是最有钱的生产队之一。我们小时候就热爱生产队，认为生产队特别好，对父亲也很崇拜。

父亲办事认真负责，会计不当以后，当了生产队的老保管。每天，别人息工回家，他会将所有稻场上的农具等收拾好，将粮食清扫干净，盖上大印后才会回家。“汤龙路”从孟塘村边过，经常看到父亲会将大路边的垃圾清扫干净。后来，道班见父亲这样认真，据说还给了父亲一点补贴费。在一般人眼里，我的父亲碌碌无为，其实，在我眼里，父亲很高大，很有水平。他年轻时，那么大的一个店，老板根本不管，仅老板娘过问过问，全是父亲张罗着。回到农村，哪里有他发挥才能的地方呢。曾经记得，我十四五岁的时候（20世纪60年代后期），正赶上许世友大搞江南煤田，我们村也迅速加入了进去。其实，江南地区没有什么大型煤矿，一般都是一些“鸡窝煤矿”，在后巷村的一块地方，父亲与其他一些人也架起了一个绞架，往地下挖了约50米，总算是出了一点煤。有一天，我出于好奇，也进去看了一下，井底下仅一人在用铁镐使劲地掘，一盏小的矿石灯，发出大约仅黄豆大小的光，里面空气稀薄，呼吸极其困难。矿坑仅有一些木棍支撑，相当危险。我看到父亲那瘦弱的还有些佝偻的身躯，用尽全身之力将一筐煤从井底下拉出，筐是顺着两根竹子做成的轨道，通过绞盘的力量一点一点拉上来的。那时候，电力尚不发达，全靠人力。父亲他们就在这样的环境中劳动，没有伤亡事故真是幸运。村民将刚刚挖出来的煤加上一部分黄泥，做成煤饼，晒干后便可以在自制的炉子上烧了。这种煤，热能很小，但特别呛人，含硫量很高，家中的铁器很快地就会被腐蚀生锈，当时，我们竟然不知道为什么，可见，当年关于这方面的知识宣传非常缺乏。我工作三四年后，有一次回家休息，广播里在唱一个我不熟悉剧种，父亲问我，这是什么剧种，我当时回答不了，父亲很不高兴，说："已经在剧团待了三年了，连个剧种都分不清楚"，当时我很惭愧，无言以对。在日后的学艺时光里，父亲的这一句话永远是我动力的源泉。后来，我做了剧团的主要演员，与父亲这样一句话的激励不无关系。

父亲在家是长兄，但从来未见父亲对弟妹们训斥过，连一句高言都没有听过。兄弟几家都靠在一起住，难免会有一些矛盾，但父亲从未对任何人粗口过，也没有摆出兄长的样子。作为子女，我们也基本没有挨过父亲的骂。

在城里开店的时候，父亲与师兄弟关系融洽，对他的引路师傅也很尊重，老板和老板娘也都很喜欢他、关心他、信任他。孟塘村遭遇日本人第三次放火烧房，我们家也再次被烧光了，老板听闻后买了建房材料送给我家，而且这些材料是老板亲自押的一台大卡车送至孟塘村的，用这些材料盖了三间半的大瓦房，当时在孟塘村乃至附近的村庄都非常羡慕。若是论做人，父亲也是表率，值得我们学习的。

父亲一再说过，我们周家是书香之家，现在想起来父亲的教养、修行，比普通人高许多，我辈均望尘莫及。

父亲性格随和，与世无争，一生勤勉，诚实待人，活到了 80 岁，卒葬于孟塘甘山之南坡。2008 年 12 月父亲与妻周李永兰合葬于裴墅响水坝集体公墓园。

周李永兰，编者的母亲，生于 1919 年，卒于 2008 年 12 月。

周李永兰——编者母亲

母亲 19 岁嫁于父亲。当时，日本人侵略中国，句容飞机场即将陷落，许多中国人都知道日本人会烧杀抢掠、奸淫妇女，普通百姓便早早地将女儿尽快嫁出去，在这种特殊的状况下，母亲是匆匆地嫁给父亲的。父亲的父母去世早，两个叔叔年纪尚小，所以，长嫂为母，担当一个大家庭的责任。日本人侵略中国并占领南京，人们四处“跑反”，母亲与父亲带领全家跑到龙潭，准备到圩里投奔熟人，在东阳被日本人拦住，意欲对母亲下毒手，他们拉了母亲准备往一座房子里走，母亲抓住火车的铁轨死不松手，手被日本人用皮鞋踢得鲜血直流，母亲就是不松手。刚好，铁道桥边一条河，母亲顺势翻了下去，当时正值大冬天，河面全是冰，母亲不会游泳。此时，父亲也不顾一切地跳进水里，父亲也不会游泳，好歹河水不深，没有将父母淹死。日本人（也有印度兵）见此情景哈哈大笑着离开了。父亲由此也落下了病，一头浓密的黑发差一点就掉光了，但总算是逃过一难。

提起日本侵略者，母亲的气不打一处来，我们孟塘村被日本侵略者烧过三次。据母亲回忆，日本人在汤山小楼及东阳两地驻有不少兵力，分别是两个据点，每天有一辆车往返于两地，都要途经孟塘村，此事被新四军摸透了。一天，两名新四军在孟塘村口（我家门口附近）用几捆柴火拦住路，日本司机下车搬柴时被两名新四军架住，在村东的小路边将其枪毙了，并放火烧了这辆车。日本人得知后，马上集合在汤山小楼的兵力，跑步前往孟塘村报复。尽管有一个日本翻译（他是桦墅人）提前赶到孟塘村，告知村民快跑，但人跑了，房子跑不掉，日本鬼子抓不到新四军，又找不到村民，就将孟塘村烧个精光。据母亲回忆说，日本人从包里拿出一把把的片状晶体，往房子上撒，房子就着火了（黄磷片，燃点极低），烧得家中一样也没有救出来。母亲年轻时有一把力气，拎了两只水桶去救火，毫无用处，日本人看了一阵哈哈大笑。这一次，全村的房子是汤山镇上的唐大先生捐的松树重新盖的房子，唐大先生真名叫唐庆昇，为清末首届民选江苏谘议局议员，孟塘村的全村人都知道此事，都感恩唐大先生，为孟塘的重建所做的一份贡献。

母亲8岁时，因其二哥（编者二舅）曾带领新四军战士灭了一个大户，国民党要抓母亲一家，外公外婆便带了一家人逃离了老家新沂县（过去的沂蒙山区），逃到句容县的黄梅桥下村居住。几年后，外公看没有了动静，有一天，他准备了一些盘缠，带了一把大雨伞背在身上，准备回老家将田租收些回来，谁知一去无回，据说被仇家杀害。

母亲出身于大户人家，一双脚在六七岁便被缠上了，她不识字，但非常识事。母亲生了我们兄弟姊妹6人，尽管家道并不富有，但她一定要求我们全都要上学读书，要求我们勤奋好学，不许我们沾染一点坏的习气。三年经济困难时期，母亲用糠做的饼子给我们吃，并告诫我们在吃的时候不允许让他人看见，其自尊心可见一斑。

村上有几户人家，一旦揭不开锅盖了，就会来我家借上一点米，甚至还会借一点油，实际上永远也不会还的，母亲也总是会忘记，她知道，借出去就不会还的，也就不指望了。母亲虽然经常与父亲吵嘴，但对父亲确是真的很关心。在我刚刚记事时，我便是跟随父亲睡一张床，父亲有一种病，常年清晨咳嗽，每天地上都会有一摊痰。每天早上母亲烧早饭时，总会打一只鸡蛋，放些荤油、一些糖，冲成鸡蛋花，送给父亲喝。那时是什么日子啊，鸡蛋是要用来换油盐的啊，零花钱就靠鸡蛋换呢。多年下来，父亲的身体真的被调养好了。粮食不够吃，大家都只能吃些稀的，而母亲却专门为父亲弄一碗干饭，甚至还会蒸些咸肉。当然，有时我们能够尝到一小勺咸汤，已经觉得很满足了。而母亲每次吃饭总是最后一个吃，将所有的碗中剩饭剩菜、汤汤水水一并下肚，基本上就是一肚子水。到如今，我都记得，也非常难过。记得我的大嫂、二嫂、三嫂同时在一年中生下三个孩子，母亲就前面抱两个，后面背一个，旁边还跟着两个稍大一些的孙子，特别是大哥的两个孩子，大嫂是快要生的时候从新疆回来的，生完孩子 40 天便回疆工作了，留下一个两月不到的孩子宁玲，母亲要付出多大的劳动啊！记得大孩子石头，刚来时 4 岁不到，因大哥嫂不会带孩子，大便一点点细，半年后才正常起来（因为有几个差不多大的小宝宝们抢食和吃粗茶淡饭的结果），大人们可以吃不饱，母亲是一定要想方设法地让孩子们吃饱的。夏天，孩子们身上、头上都是疖子，母亲几乎整夜不睡地为孩子打扇子。一直到大孩子石头要上学了，方才被接回新疆。这期间，母亲真的不知付出了多大的辛劳啊！这些都是编者所亲见的。农村大忙季节，没有时间烧饭，母亲还要同时为三家烧饭，每天忙得风风火火，我们家有一块菜园地，基本上全靠母亲打理，从播种到栽培，浇水施肥采摘到烧好，一直到饭桌，基本全是母亲，我和三哥等只能附带帮忙。母亲还有两项绝活：一是会治疗“搭背”，这是一种致命恶疮。当年朱元璋知道千岁徐达得了搭背后，便赐给他老鹅，徐达吃后便一命呜呼了。母亲用家传秘方艾绒等中成药可以使此疮痊愈，并且不留任何疤痕，这是我亲眼所见，还不收一分钱的费用。另一绝活是磨豆腐，豆腐是农村人春节时候不可少的一种食品，每至春节，我家要为农户整整磨一个星期左右的豆腐，我和母亲最是辛苦，每到春节母亲总会累得生病，头上扎着毛巾还要坚持着。我工作初期，因为岁数较大，是高中毕业后19岁才考进江宁县京剧团的，练功时筋骨太硬了，一点基础也没有，休息回家总是哭诉着对母亲说：“太苦了，太累了，太疼了。”母亲说：“吃得苦中苦，方为人上人，不要怕吃苦，练功能练死人吗？”另一方面，母亲又跟我师傅讲，请其多多关照，其实，哪有父母不心疼儿女的呢？母亲两次跌伤，好好一个坚强的人变成了一跛一拐的残疾人，即便如此，她也没有认输，70 岁左右时一次摔伤，大腿骨打了好几个钢钉，但她一个月后便要求站立，我们都劝其不可，但母亲说："不早日恢复就会连累你们"，若是一般人最少得躺床上几个月，但母亲没有，她坚强地站起来了，一点没有给我们子女添麻烦。母亲的自尊、坚强、永不言败的性格，让我们永远铭记于心。

母亲一生，主持家道，慈而有法，教育有方，节俭而不吝啬，知礼而不浪费，行事灵活有度，受到大家尊敬，享年 91 岁。

父母生有五子一女：周维明、周维星、周维生、周维珍（女）、周维林、周维松。

编者母亲与四子、五子合照

编者母亲与子孙合影

卒葬裴墅响水坝集体公墓与夫周永余合葬。

周维明

周维明（周氏第十一世），乳名喜子，生于 1936 年，卒于 2005 年 6 月 24 日，享年 70 岁，出生地是汤山孟塘；父亲周永余，母亲周李永兰，兄妹 6 人中排行老大。

周维明照

周维明是个进步青年，先是在南京第二机床厂工作，后参军，在南京岔路口步兵学院当教官，为师、团级部队领导干部扫盲，帮助他们学习文化知识。1962年蒋介石反攻大陆叫嚣得很厉害，父母怕当兵打仗，硬是要求其退伍，于是大哥又回到南京第二机床厂（军工单位），当时大哥是团支部书记，业务也很好，为了响应国家号召，主动要求支边到新疆乌鲁木齐五家渠机床厂工作（属农六师），大哥初到新疆时，到处是一片不毛之地，生活条件极端恶劣，住“地窝子”“土坯房”，抽“木盒烟”，没有大米吃，对于南方出生的人是非常地不习惯。父母及姐姐、五弟都曾去过新疆大哥家，她们说到此事都会流泪，叹息不止。于是，只要有一点机会，父母总会托人带去家中仅有的一点大米和家乡的土特产。大哥也非常努力，在厂里很快成为骨干。后来是机床厂的业务厂长。

大哥在南京期间，我很小，记得他喜欢戴一顶苏式的圆形帽，非常帅。一次，他休息回家，已经很晚了，他悄悄走到房间里，又突然走出来，给了我们一家人一个惊喜，我对此印象非常深刻。我爱大哥，当时，我随父亲仍然住在城里的水西门家中，一天，二哥从农村来，我缠着二哥带我到机床厂看大哥，当时我才5岁，二哥肩扛着我，我就拼命在围墙外朝着大哥住的二楼宿舍叫喊，终于被大哥听到了，此情此景仍然记得。大哥从南京回家休息，总会教我们一些歌曲，如苏联歌曲，我至今仍能记得好几首，还有一些流行歌曲，如“纺织厂里有位好姑娘，长得比花儿都漂亮，年轻人都把她爱上……”他还会讲许多故事，如：有一个学校组织学生春游，同学们都自己带上干粮，有的带上米，自己带锅煮饭，有一位同学他什么也没有带，这位同学平时就比较阴，比较精明，他等到饭要煮熟时，趁大家不注意，在锅中悄悄滴了几滴墨水，饭变成黑色的了，同学们都不敢吃。而他自己知道墨水是没有毒的，一个人吃了，同学们还说他勇敢。最后，此事被揭穿，大家都不跟他一起玩了。虽然他沾了一点小便宜，但却遭到同学们抛弃。我至今仍然清楚地记得大哥讲得这个故事。

大哥要到新疆去了，我刚上一年级，很不懂事，临走的几天里，大哥可能是给我们上了不少政治课，使我对他感觉有些厌烦，早上父母兄弟一家人送别大哥时，全家人都哭了，我没有哭，反而有些高兴。现在想起来知道自己不对，很后悔。大哥大嫂退休了，回老家住些时日，期间我经常回家与大哥畅谈，因身体原因，他不敢喝酒，不敢吃肉，完全改变了年轻时抽烟的习惯。我多次邀请他到我东山的家中玩玩，他都说找机会来，可是等到回疆时，他也没有来我家一聚，实是我终身遗憾。记得他曾对我说过：“万一哪一天走了，请在其坟前刻一对辟邪。”因为大哥说，儿女都是国家干部，要避小人。此情此景至今难忘。

大哥聪敏好学，有开创精神，不安于现状，做事执着，业务精通，是厂里的技术改革能手，每年在他手中要改进许多技术方面的活，每次获得成果都要写信回家报喜。南京第二机床厂中他的师兄弟们不得不佩服大哥的钻研精神。

据姐姐维珍回忆，她14岁在“文革”时期曾去过新疆，那时，正是冬天，大雪纷飞，事先讲好大哥会来火车站接人的，但确未曾见到大哥，后来才知道，大哥在工作中一只手指头被机床轧断了，正在手术。大哥是工作狂人，此次事故也更加坚定了他必须要更努力地做技术革新，以免造成更多人受伤。

通过多年对家族文化的研究，我认为在大哥的身上所体现出来的性格特征比较明显。他好学、敏感、任何事情内心不服输，但又表现为特别谦虚；自尊心特强，但又特别地勉强自己而听取别人的意见，结果受伤的是自己。大哥死于心脏病突发，也与其个性有关。听大嫂说过，他们有一帮人每天都要集中锻炼，大哥练的最认真，腿压的最好，是大家学习的榜样。其实，老年人锻炼千万不要太过分，不要太勉强，活动有些微汗便可，而大哥的性格决定了他不可能不认真，却忽略了自己曾是有心脏病史之人。当天，在去锻炼的路上，忽然心脏病突发，待走回家中时，往沙发上刚一坐下便去世了。

我真的为大哥惋惜。

大哥对兄弟的关心也是有目共睹的。有一次，他回宁探亲，对我说："四弟，你我都是国家工作人员，父母留下的一些房产，我们二人就不要了。"当时我已经结婚，单位分了一间房给我，对于大哥的吩咐，我当然不会有任何话说，也就爽快地答应了。从这一点上来讲，大哥对弟兄们是关心的，也是做了表率的，至今，尽管房产已经价值不菲，但我一点也不后悔当年的承诺。

2005 年 6 月 24 日，大哥卒于新疆乌鲁木齐市南湖路友好花园家中，因周成（大哥的长子）此时已在广东珠海工作，于是，将大哥的骨灰带到珠海，安葬在珠海的公墓。

妻：刘国香，甘肃人，是大哥的女徒弟，自由恋爱而结婚，贤惠善良，有教养（大嫂的舅舅曾经是国民党

编者大嫂与二嫂在珠海的合影

时期的一位高级将官），不愧是甘肃大户人家出生，她爱护家庭，体贴丈夫，善于教育子女，顾及大体，受到我们弟妹们的尊重。生有一子，一女。

周成在大学时照片

周成，“和”字辈，周氏第十二世。周维明的长子，生于1966年5月，出生地新疆，在上海中国纺织大学毕业后回到新疆。工作几年后考入自治区人事厅工作。广东珠海人事改革，向全国招揽人才，周成放弃自治区人事厅优厚待遇，报考珠海，被选中，在珠海市组织部干部科、办公室任科长、主任，机关党委副书记等职，后调斗门区任区委副书记、组织部部长、常委兼任井岸镇党委书记、人大主席等职，曾任珠海市港澳流动渔民管理办公室主任；2019年初调任珠海市首任退役军人事务局任党组书记、局长，曾在2015年、2018年两次受邀参加由全国政协在人民大会堂举办的“国庆招待会”。妻薛福萍在税务部门工作，生有一子周楠，留学美国，回国后在珠海珠光集团上班。

周宁玲照（2019年摄）

周宁玲，周维明次女，生于1969年，出生地南京，在新疆税务部门工作，后调珠海税务部门工作；夫婿吴朝晖在国安部任职，生有一女吴卓云，现读大学。

周维星

周维星照（2019年摄）

周维星（周氏第十一世），男，生于1943年9月，出生于汤山孟塘村，父周永余，母周李永兰。兄妹中排行第二。

孟塘小学毕业后在汤山林业中学读书，13岁为补贴家用，每日清晨用毛驴驮铁石赚钱，山路上经常碰到狼和所谓的“鬼”，各种鸟兽的叫声。编者大约在4—5岁时与三哥一道曾经为二哥送过饭，至今还有些记忆；19岁时，因有初中文化和会计知识，被派往孟塘大队的螺丝冲村当会计；22岁时，到乌龟山采石场当架头工人；25岁时，因为特别能吃苦和办事认真被大伙选为司务长，每天清晨骑自行车采购一天用的菜，不是勤快之人是不能够胜任的；28岁时，自学成为汽车驾驶员，后又当上驾驶班队长；35岁时，从乌龟山采石场调入春山石矿当驾驶队长，后在春山石矿退休。

周维星为方冲祖茔清理

编者的二哥（周维星），从少年时就不一般，有很好的艺术天分，有一天，他身穿一件破棉袄，肩上扛一根尚在着火的木棍，扮演孙悟空大闹天宫，棉袄已被烧着了，母亲追上他正要打他，此时，正好有一位算命先生经过村子，算命先生拦住了我母亲，说："大嫂不要打这个小孩，你不要看他长得像个猴，今后啊，你可要靠他享福呢！"母亲问，怎么讲，算命先生说："这孩子今后是走路要个驴，吃饭要个鱼。"事实已证明，二哥在我们这个大家庭是做了许多贡献的。

二哥吹得一口好口琴，会唱许多歌曲，农闲时，教社员认字、唱歌。还特别喜欢看书，一旦有时间便和彭明清（后当了孟塘大队书记）一道去汤山镇上的文化站借许多书回家看。我当时也有 15 岁左右，他借回的书，我都看过，几乎都是苏联的进步小说和20世纪50、60年代的名著，还有就是各种“演义”小说。因为母亲喜欢听书，二哥经常读书给母亲听，本人从小也受到许多熏陶。我记得那时经常家中会聚集许多人，特别是冬天，堂屋中间添上一堆火，母亲再泡上一壶茶，众人听书喝茶，那一种乐趣至今记忆犹新。

特别让编者记忆至今的事，在乌龟山采石场的架头上，他那瘦弱的身体哪里会有那么多的能量，每次，二哥总是在最危险的地方干活，有些架头约二三十米高，一干就是一天，因此他的工分也是最高者之一。暑假期间，我会去他那里砸石子赚钱，经常看到这情景，总是非常担心和害怕，因为在采石场出现伤人、死人事故是常有的事。

二哥在林业中学上学期间，时值60年代初，整个中国都处在经济困难时期，他自己舍不得吃，节省了不少饭票，回家时总要带一些白面馒头回来，母亲也舍不得让全家人一下子吃完，将馒头用腰箩吊在高高的房梁上。我每天总会不自觉地往上看，好像上面有吃不完的好东西，尤其惦记那些白面馒头，至今，我仍然喜欢白面馒头，想到它，禁不住就会流口水。

二哥为人表面凶巴巴（小时候我常常被他教训，头上常被他钉“茅栗子”），其实他内心仁厚、善良，喜欢帮助有困难的人。他性格耿直，酒后爱发脾气，但在大是大非的原则性问题上从不糊涂，是一个充满正能量的人。对家庭负责，对兄弟姊妹关爱，有兄长之风范。为弟认为：兄弟之间，有别于他人，虽有直系血缘，但彼此期望不宜过高，过高则易产生不满，不满则会有流言，以致被人利用，因而古人说："一穴塞之，一隙涂之，鼠雀、风雨则不可侵扰也。"家庭及家族的团结与稳定也是社会的需要。

妻：孙家英，生于1942年12月，20岁嫁于二哥，勤劳、善良、有贤德之心，有长嫂之风范。

长子：周和平，生于1965年，出生地孟塘村，高中学历，做过汽车维修与护理，曾自己开办过汽修厂。

周和平近照

长媳：樊兰宁，生于1965年，出生地孟塘村，初中学历，家庭主妇，曾任过幼儿教师。

次女：周冰芝，生于1967年，出生地孟塘村，初中学历，汤龙商店负责人。

女婿：侯祖智，生于1965年，出生地汤山寺庄，初中学历，祖智批发公司负责人。

三子：周和春，生于1969年，出生地孟塘村，大学学历，江宁科学园工作。

周和春近照

三媳：林小红，生于1968年，出生地张家岗，高中学历，保险公司工作。

孙：周强，外孙：侯建，孙女：周倩颖，

重孙：周润熙（女），侯玥欣（女），杨官曦（男）。

周维生

周维生（周氏第十一世），男，乳名顺宝，生于1949年，卒于1984年，享年36岁，出生地：汤山孟塘，父：周永余，母：周李永兰，兄妹6人中排行第三。

周维生为编者三哥，长我8岁，小学毕业，在我们兄妹中三哥身体最棒，力气最大，是生产队强劳力，重活累活都是像他这样的年轻人做。我记得在稻场打麦子，打稻子，喂打稻机的“老虎口”都是由他们承担，这种电老虎力气小的人会被卷进去，重则立死，轻则断臂，不少人为此丧命或伤残，每次看到三哥喂“老虎口”机都会捏把汗，有时尘土把他呛得只能看到两只眼在动，农村上没有基本的保护措施。后来，三哥到了采石场还是喂轧石机，更是粉尘飞扬。在长期恶劣环境下工作，三哥生病了，开始掉头发，满头黑发几乎全掉光。那年代，吃也吃不饱，哪里会有营养，家庭负担又重，两个未成年的儿女不能自理，他坚持不住倒下了。我在苏北地区演出，知道后回家看望三哥，当时买了一些海参想让三哥补补，谁知我们都没有吃过，更不知烧法，硬是在锅里煮了二个小时，三哥吃时仍然说吃不动，不好吃。此时的三哥已瘦成人干，皮包骨头站不起来，我们都已知道，他的日子不会长久了。临别时我们拥抱在一起大哭了一场，我知道此一别就是生死之别啊。我回剧团没有半个月就接到家中的噩耗，三哥去世了。然而，我无法回家，

周维生与兄弟合影（周维生：后排居中者）

因为我是主要演员，票已卖出。剧团对演员有规定：天塌下来都要对观众负责，不可影响情绪，我对不起三哥，也非常怀念三哥。

记得小时候，总是三哥带着我玩。农村只能这样，大的带小的，况且，我们没有见过爷爷奶奶和公公婆婆。有一次，母亲到汤山街办事，半天未见母亲，我们心里非常想念，其实，我们真正想的是母亲带回来的一根甘蔗，母亲上街，每次总会带一根甘蔗。忽然间，三哥看见三里之外的大岘上面出现了母亲的身影，就立刻扛着我飞奔而去。我们从孟塘村的上街冲向下街，上下街之间有一条大坝，坝上有一座石桥，在石桥上，因为跑得太急，一个跟头栽在地上，我从三哥的肩上摔下，下巴磕在青石上，一条裂开的血口子，就像娃娃嘴一样大，血流不止。三哥抱起我，一边帮我捂住伤口，一边哄着我。就这样，我们从下街过了一条小石板桥，沿着过去的古道走到龙王庙，在这里与母亲相见了，母亲看见两个浑身是血的小血人儿，心痛不已，含泪责怪三哥。至今，我对这事还有记忆。

另外，在农村，各种各样的纠纷也是存在的，甚至是打架也不足为奇，大哥、二哥均不在家中，只有三哥能为家庭出头。1972 年我被县剧团录取后，是三哥亲自送我到县剧团报到，他拿自己用的绑腿带给我打被包用，这条绑腿带我一直留存着，这是三哥唯一留给我的东西，看到它，我就会想起三哥，思念三哥，时隔近50年仍历历在目。

周维生性格善良、耿直，不善于表达自己的情感，对朋友真诚，但往往会被利用，文化程度不高，但实用技术掌握的不少，除农村中农活技能外，三哥还当过厨师，他常常被朋友邀请去帮做酒席。他喜爱吃辣，爱抽烟，不爱喝酒，爱与外人交友，不爱与兄弟姊妹交流，爱清洁，家中总是一尘不染，爱子女家庭，但寿不与人。总之，三哥是个苦命之人，在我们姊妹之中，他是最苦的，我很怀念三哥。

妻：秦正香，与三哥同龄，同在一个生产队，是属自由恋爱，三哥36岁去世，她一个青年妇女带两个尚未成年的子女很困难，几年后，才改嫁他人。三嫂生有一子，但好景不长，几年后她被汽车撞死。现夫妻二人合葬于南山海子沟公墓。

周和清近照(周维生儿子)

子：周和清，生于1967年7月，现在汤山街道做城管工作，媳：孙立香，生于1969年11月，有一女周昕，生于1994年；婿：刘广龙，生于1989年。

女：周和静，37岁癌症去世，留有一女，名叫庄洁，生于1994年，周和静丈夫庄明祥，曾任汤山街道政府办公室主任，现任汤山社区行政村书记。

周维珍个人简介

周维珍，乳名龙英，女，1952年6月出生于汤山孟塘。

父：周永余，母：周李永兰，兄妹6人，排行第四。

周维珍近照

周维珍小学就读于孟塘小学，中学就读于汤山中学。1969年9月参加工作,任孟塘小学民办教师，自修函授学习，毕业于南京市晓庄师范学院中师班，转正为公办教师，后考核评为小学高级教师。

曾任教于江宁县汤山孟塘小学、南京市栖霞区红梅小学、江南小学，当过教导主任，2007年6月光荣退休。

从教39年，教书育人，为人师表，工作认真，教学严谨。曾被评为“栖霞区教育先进工作者”“栖霞区教育师德标兵”，获“学科带头人”奖、“教学能手”奖，是一名合格的教育工作者。

周维珍是编者姐姐，比我长4岁，是我们6个姊妹中唯一女性。小时候她保护我最多。记得有一次薛朝军要欺负我时，她冲上去就跟薛打起来了，每一次打架都是我惹的祸，但她从来不管对手有多么强大，都是尽力保护我，至今我仍能记得。13 岁初中毕业，“文革”开始，停课闹革命，她一个人乘火车去新疆看望大哥。回家后在生产队当西瓜现金收账员，因此，我也多吃了不少西瓜。后来姐姐当了教师，是孟塘周氏家族中继承祖辈教鞭的人，姐姐天生嗓子好，有表演才能，是孟塘大队宣传队的主要队员，是我崇拜的对象。

姐姐为人正直，工作认真负责，对人真诚，对父母孝顺，对家庭、对子女关心爱护，受到学生、家长及所有共过事的人普遍称赞。

编者与姐姐的合影（2018 年摄）

丈夫：朱顺兴，原江南水泥厂工程师，现退休；有一子，名朱涛，生于1976年8月，毕业于厦门大学，现在外企工作，媳：杨帆，在保险公司工作；生于1982年5月，朱涛现有一女，名叫朱熙辰，生于2012年10月10日。

朱涛近照

周维林

周维林（周氏第十一世），男，乳名四保，生于1955年农历三月，出生于汤山孟塘村。父：周永余，母：周李永兰，兄妹6人排行第五。

父母称我为老四，这是重男轻女的表现。父母生我之时，正是国家困难之际，兄妹多，又无人照顾，决定把我弄死。于是，生下后接生婆便将我放在事先准备好的灰堆上准备呛死，但小小的娃却将头硬生生地抬起，偏向一边，母亲见状，不忍将我呛死，说："这小孩不愿去死，就养着吧。"我出生时刚好是春天，家中养着蚕宝宝，母亲就为娃起了个好听的名字——四保，即天保佑，地保佑，四面八方都保佑，并且还留了长寿辫子，10岁以后才剪去的。这就是编者，一个死里逃生的人。

我 13 岁上初中了，时逢“文革”，因我家庭成分高，被剥夺了上学的资格，我每天坐在稻场的小棚子里，偷偷看着我们同村的同学活蹦乱跳的在大马路上去上学，泪水不住地往下淌，当时我感觉，整个天空都是灰色的，眼睛常常是红肿着，父母看了很心疼，但毫无办法。三个月后，才让我又上了学。农村的孩子不怕苦，也不知道苦，村里一帮小朋友几乎都一样，从小放鹅，拾粪，上山扎柴，砸石子，编竹篮，挖药材，捞鱼摸虾，样样能干，吃不饱的时候刮树皮，挖野菜，吃糠团，时不时还去偷割生产队的“花儿草”（紫云英）吃。农忙时参加生产队劳动，十六七岁便可以挑起 130 斤的担子，一般的农活基本都可以干。

编者与妻子王俊平在黄帝陵前合影 2019 年摄（第二次来此祭拜）

高中毕业后，考入江宁县京剧团做演员，18 岁了，骨头较硬，吃了许多苦头，每天要压腿，30 斤重的大铁陀压在膝盖上真是吃不消，还要每天挥舞刀枪棍棒，翻跟头，拿大顶，真是让我实在受不了，肌肉拉断，骨头跌断，浑身是伤，尽管练功很累，又吃不饱，32 斤的粮票供应，20 天不到就吃完了。但我仍然很感恩江宁县京剧团，因为，是他们将我从一个农村户口转变为城镇居民户口，当时人们认为这是一件非常不得了的事情。有一次，我与淮北市文工团的朋友张鼎海及他的团员一同到南京卫岗前线部队文工团做嗓子检查，当时，一名军医发现我的声带非常好，就叫来主任医师看，医师认为我的声带特别的长，音区非常宽广，问我是否愿意留下来在部队文工团工作。这是多少人梦寐以求的好事，但是我没有同意。当时好多人都为我可惜，可我觉得如果去部队，便是对不起江宁县京剧团了。现在想起来虽然有些可笑，觉得错过了一次人生之中大好机会，但我从来也没有后悔过。经过自己的刻苦训练，最后我也成为剧团 12 个武功演员之一。

剧团在外地演出是非常辛苦的，我们是最基层的县级剧团，县里财政仅补助 2.8 万元的经费，整个剧团有 50 多人，肯定不够工资发放，于是，每年外出演出任务很重，条件的艰苦是不必说的，当时，我的女儿刚刚三个月，母亲随我们外出帮助照顾，他看到我们的房间（临时仓库）灰尘竟然有一寸厚，就说："你们就住在这样的地方啊！"在人们的眼中，演员是无比的光鲜，母亲也这样认为我们的，因为我肯定不会回家跟父母亲说外面的艰苦，母亲了解我的实际情况后大为吃惊和心疼。每年剧团从正月初一就要外出演出，一直要到夏天最热之时才能够回来。四个月的演出时间，从冬到夏。有一年春节，天降大雪，但演出的日期已定。大年初一，我们收拾好了行装，准备出发，年仅一周岁的女儿拉着我们的手，望着漫天的大雪，说："我不要钱"，女儿的意思我们明白，她是不想让我们离开啊，她不要钱，我们就可以在家陪她了。当时我们夫妻二人一下抱起女儿倒在床上，眼泪忍不住地流出来。时间已经过去40年了，此情此景却永难忘却。

我有一副周家遗传的好嗓子，参加"三省六城市"

周维林小生戏剧照

专业演员比赛，获优秀演唱奖，又参加市属专业演员汇演，与著名越剧演员竺小招同时获专业“二等奖”，成为剧团的主要演员后，即使是一天演出四场大戏，也从来没间断过每天早上的练功，演出认真，有职业道德，没有对不起观众的现象，因此也有了一些小名气，1988 年国家实行职称改革，我是第一批被评为“国家三级演员”，是我们剧团最年轻的一位有职称的演员。

1990 年转业到江宁县博物馆工作，我们这个年代的人，没有读到书，初中、高中，以学习毛主席著作为主，高中毕业就是回家种田，没有高考制度。因此，同学们学习也没有热情，到博物馆后，不学习就不能适应工作。于是，逼迫自己又拿起了笔杆子。不懂行就自费函授，向专业同行学习，随时记笔记是我多年养成的习惯，几十年来几乎每天都有日记留存，曾参加广西师范大学举办的文博班学习，曾受教于史树清先生、蒋赞初先生、贺云翱先生、台湾大学李更夫先生。又与市博物馆同行专家王兴平、王志高、邵磊等经常一起考古发掘，对我的个人进步帮助很大。在南京师范大学学习 4 年，边干边学。1995 年我被任命为副馆长，并主持工作，后任江宁区博物馆馆长、书记，被评为文博副研究员，我有自己的想法，干一行就应该尽自己的努力，大的目标是在小的目标基础上实现的。

我们知道江宁是六朝京畿之地，地上地下文物古迹众多，过去，曾有大量文物出土，都被省、市、专区博物馆留存。江宁必须要建立自己的博物馆，这样，一部分文物就可以留在江宁了。初建博物馆时，文物股仅有500件不到的文物，要想全面反映江宁的历史是不可能的，经过大家十几年的努力，博物馆已有了近万件文物。于是，又有了要建一座新馆的愿望和需求。我们一次又一次地向上面及区里反映，多次请区领导来馆里和库房里实地视察参观，最后得到了领导的肯定和支持。终于，政府在竹山公园划拨了18亩地给我们又建了一座新馆。于是，我的心愿达成了，江宁区博物馆、东晋历史文化博物馆二馆合一。当时，在省里，甚至在全国区、县级的博物馆都可算得上数一数二的规模。开馆时，时任国家文物局局长的单霁翔同志、省市主要领导同志都前来剪彩，其荣耀是不言而喻的。当时我已不任馆长，担任了支部书记，但我知道，事业必须要有年轻人接班，才会更加的兴旺，我非常愿意做一级台阶，做一个接力赛的传棒人。在江宁区博物馆，我干了15年的馆长，我很骄傲，也很知足，很有成就感。2015年退休后，我被任命为江宁区收藏家协会秘书长、法人。曾获省“十佳”文博先进个人，享受市级劳模待遇，是中国文物学会颁发的“中国当代文博专家”“江宁区地名委员会专家”，并多次获“江宁区优秀共产党员”称号。曾有 10 多篇文章在国家级、省级以上刊物发表；主编《江宁文物》《南唐二陵史话》《江宁历代出土墓志考释》；参与编撰《江宁历史文化大观》《南京概况（秘密）》《江宁史话》《美丽江宁》等书的部分章节。

我分析个人的性格特点：干一行，爱一行；性格执着，办事认真，对友真诚，心地善良，克己谦让；对父母孝顺，对家庭热爱，重视亲情。有“见善则迁，有过则改”的优点。也有周氏遗传的固执、天真之不足，个人的修养和认真学习的态度尚欠缺。

妻：王俊平，1957 年出生，高中毕业后 1976 年考取江宁县京剧团，1986 年转业到江宁县图书馆，取得中级职称，担任主任等职务。聪明，大方，性格外向；活泼而不失节守，外向而不失内惠，孝顺贤良，注重家庭。生有一女：周游，1981 年出生，江宁区法院工作；夫婿：应晖，1979 年出生，南京众彩物流工程部部长、副总经理；外孙：应浩东，

王俊平近照

编者与夫人王俊平在山东看海时的合影（2019 年摄）

周游个人照

女儿周游与外孙在广州的合影（2017 年摄）

2008 年出生，现在仙林外国语学校读小学。

周维松

周维松照（2019 年摄）

周维松（周氏第十一世），男，乳名春红，生于 1959 年，出生于汤山孟塘村，父：周永余，母：周李永兰，兄妹 6 人中排行第六。

周维松是母亲 43 岁时所生，虽然兄妹之中他最小，但若论在校学习他是最为聪敏的，从小学到高中均为班级前一二名，但高考时却发挥不好，没有读上大学。回乡务农，曾任大队团支部书记、民兵营长等职，还曾被乡政府借用帮忙写材料等工作，1983 年从事小化工企业，后加入汤山镇化工总厂，任科长、副厂长、厂长。企业改制后，自筹资金办起实体化工厂。2009 年后，从事无锡太湖生物环境治理工作，现仍从事生物环境治理工作，目前，已退休。

弟弟比编者小 4 岁，很能吃苦，记得当年砸石子，我们兄弟二人是最能吃苦的人之一。暑假天热，塘口里更加厉害，有时温度能达 60℃—70℃，但我俩为了能多砸几箩石子，中午也不肯回家吃饭，母亲就将饭送到塘口，我们吃过就又干上了。弟弟累到小便出血，眼睛被飞溅

编者与五弟的合影
（2012 年摄）

的小石子砸伤，从来舍不得放弃休息一天。母亲舍不得我们，回家每人会给我们一块金橘饼，吃起来真甜啊！到结账时，如果我们拿不到最多的钱，第二天，我们将会起得更早，一定要超过别人不可。那时，弟弟仅十二三岁。

五弟跨行业干过不少工种，每一样工作他做得都比较出色，肯钻研，善思考，肯吃苦，个性强。聪敏的外表后面仍然是忠厚与老实。

妻：张正红，生于 1960 年，自由恋爱，为同学关系，性格温和善良，勤劳克俭。生有一子周衡，生于 1982 年，从事个体运输，周衡有一女一子，前妻李静，生一女，周君怡，生于 2007 年，现在汤山小学读书。第二任妻子傅蓉，生一子周冉昊，生于 2020 年 2 月。

周永增、周李氏及其子女

周永增，生于 1924，卒于 2000 年，出生于孟塘村，孟塘周氏第十代，排行次子，父：周思孝，母：周李氏。

周永增为编者二叔，按照其父周思孝安排，在家务农。在我眼中，二叔是一个脸色非常重的人，我从小就很害怕他，但又很佩服他，因为二叔会许多手艺，特别聪敏。我曾看他演过戏，非常神气，看过他的雕刻作品，他雕的糕盒深受当地人喜欢，当地人借他的糕盒用，送回时要送一些回赠品，他的家中不断地有新鲜糕点吃。他可以随时随地到大坝边捉来一只野生鳖，到大坝中游个泳顺便就抓来大半碗白米虾，走田埂一圈就抓来几条黄鳝。他自己砍来竹子自己编出各式各样的篮、筐，其造型层出不穷。我很想跟他学几招，但一看他的脸色就不敢吱声了。在全村人都只能听大喇叭广播时，他已经有了半导体收音机，特别是夏天，大家都在外面乘凉，他的收音机一开，全部人都鸦雀无声了，甚至半个村的人都来听。

二叔也有他的苦痛，与我差不多大小的两个堂弟妹，在五六岁时，都是在门前的大坝中淹死了，记得顺友淹死后二叔非常气愤。因为他与我差不多大，都是在一起的玩伴。为此，我母亲也怕再出现类似状况，一天我去埠头边玩水，母亲趁我不注意，将我背后一推，我落进水里喝了许多水，从此，我再也不敢独自去水边玩耍了。

二叔他还是一个有心之人，记得有一次，我们几个跟他去上坟，在独凹山上，他指着一处石头的凹槽对我们说："这里有一位战死的军人，我们也要为他挂挂纸，因为他是打日本人牺牲的。”

现在我明白了，1937年冬天，日本人攻打南京时，在这里有一场大战，国民党有一个营的兵力遭到日本人的埋伏，将士们全部壮烈牺牲，尸体遍野。在我小的时候，常常与一帮小朋友去看那些尸骨，头盖骨上、腿骨上都有子弹嵌在里面，这是我亲眼所见，非常怕人，一声“鬼来了”大家都拼命地跑，谁在最后准会吓得哇哇大哭。

日本人烧过我们孟塘村三次，孟塘村的所有人对日本人恨之入骨，对抗日军人非常拥护和尊敬，因此，二叔要我们每年都要为这位死去的军人挂纸。另外，我们周家每逢节日烧纸钱，一定会多烧一份给那些“孤魂野鬼”们，以告慰他们的在天之灵。

二叔的聪明才智在父辈的兄妹中是最好的，个性也是最傲的，应该说一辈子也没有得意过。他发泄的方式就是打我婶婶，打我堂兄，别人都不敢去拉，否则将会越打越凶（二叔与我父亲完全判若两人，我父亲基本没有打过我们），到了晚年他的脾气改了许多，也容易接近了。生有三子一女，其中顺娣、顺友在门前的大坝淹死，仅留有顺生、顺德两位堂兄弟。

卒葬孟塘甘山之南坡，2018年9月迁葬汤山南山海子沟集体墓园。

李周氏，生于1923年，卒于2018年元月，享年93

岁，编者的二婶。二婶嫁给二叔，是亲上加亲，他们是表亲，是二叔亲舅舅的女儿。在那个年代，不讲究科学，表亲结婚的现象很多。我们从小不知道这一层关系，也可能是其父母的包办。因此，二叔的婚姻状况可见一斑，二婶常常挨打挨骂。二婶是个老实人，从不多言多语，对我们一家人尚可，尤其是晚年，常常来看望我的母亲，两人显得较为亲近。

卒葬汤山海子沟集体公墓，与夫周永增合墓。

周顺生（“维”字辈），生于1948年，卒于1988年，他是我的堂兄，二叔的长子。他人很聪敏，读到高中后回农村务农。二叔做主，为堂兄娶了一个15岁的堂嫂并逼迫其成婚。堂兄在采石场上班，被飞来的一块石头砸中头部，一块头盖骨被拿掉，呈塌陷状。一次我回家休息与堂兄相谈，他真是痛苦万分，曾对我说：“真是生不如死”，我当时还不知此话的真正意思。虽然是工伤，农村哪里有什么医疗条件呢。不久后，他便死了。是自然死亡，还是自尽身亡，说法不一，可怜壮年早逝，其悲其惨。我对堂兄有好感，对他抱有很强的同情心。他有二子一女。

周顺生照片

长子，周和松，生于1971年；女，周和娟生于1973年；次子，周和宾，生于1978年。

卒葬孟塘甘山之南坡，2018年9月迁葬于汤山南山海子沟集体墓园。

周顺德（“维”字辈），生于1963年，编者的堂弟，为人老实、诚恳，不多言语，但不木讷，其惠在内。他对父母孝顺，对农事认真，养过奶牛等，现在是孟塘村村主任，为孟塘村的各方面在做自己的工作和贡献。生有二子，长子：周穆，生于1986年；次子：周洋，生于1990年，现役军人上尉。

周顺德近照

周永祜，周陈氏

周永祜（孟塘周氏第十代），生于1930年，卒于2011年，出生于孟塘村，排行第三，父：周思孝，母：李周氏。

周永祜为编者三叔，按照其父周思孝安排，学习手艺，做圆木工匠。圆木工匠是技术非常精巧的活计，我三舅爷就是干这行的，盆、筒之类的活对他来说都不在话下，比较精致的马桶他都做得很精巧，三叔就是跟他学的手艺。但我从未见到三叔做过一件圆木产品，可能是太难学吧！三叔做厨子很不错，后来他在江宁县政府机关食堂做厨师，后又回到汤山公社做厨师，想当年他日子过得还算不错。然而，还是周姓人的个性问题，不适合做服务性工作，钻研技术都不是问题，若是为别人服务一定会发生矛盾。

三叔从小也是吃了不少苦的，听母亲说，当年在“跑反”时，三叔很小，大约仅十岁左右，因父母早就双亡，随着大人们跑东藏西，吃上顿没下顿的，因此，三叔独立的很早，个性也特别犟。他娶邻村安基山陈氏女为妻，生有二子一女：长子周维照，生于1954年；次子周维嘉，生于1957年；女周萍，生于1960年。三叔卒葬裴墅响水坝集体公墓。

周陈氏，生于1930年，卒于2018年，为人勤劳，没有太多言语，但她比较精明，在1966年左右，到处都在割资本主义尾巴，但她却将自家种的一点花生炒熟后拿去悄悄地卖给矿办中学的学生，赚了不少零花钱，这在当时一般的人是不敢做的，怕万一遭举报，肯定要挨批斗的。因我三叔长年不在家，她经常会打自己的孩子，堂兄周维照比较聪敏可爱，打的较少，而堂弟周维嘉经常挨打，她使用竹棍（不是竹丝）没头没脑地打，堂弟通常头上的疱还未消，就又添了新疱。三婶卒于2018年

9 月 15 日，葬于裴墅响水坝集体公墓。

周维照近照

周维照（周氏第十一世），我的堂兄，比我长一岁，但我们同时上的汤山高中，他的学习成绩很好，高中毕业后，回家务农。我们那个年代尚未恢复高考，农村的孩子只有回家务农一条路，堂兄为人聪敏，他自学了许多手艺，可以说，农村的所有活儿他都会做，还会电工、焊工及一般机械修理等，是个多面手。娶谈姓女为妻（营防人），可怜中年丧妻。生有一子一女：长子周宁（“和”字辈）生于 1979 年；女周元，生于 1981 年。

周维嘉（周氏第十一世），我的堂弟，从小多病，瘦弱，对自己不太自信。成年后，不仅学会了简单的圆木手艺，还进入了一家医疗工厂当了工人，后因工伤退休，退休养老金有保障。他为人热情，善于做事。但由于读书少，走了一些弯路。经过一番改造后，人生有了很

周维嘉近照

大进步。

有一女，名周繁，生于 1988 年。

周思和

周思和（周氏第九世），生于 1943 年，周支银长子，是祖父周思孝的堂房兄弟，因此，年龄差异较大。周思和神气聪敏，性格开朗，是村中文艺活跃分子。他干活卖力，不惜护身体，虽然身材并不高大，但能挑起近 400 斤的担子，这是编者在孟塘东山石灰窑亲眼所见。他对脏活累活能抢先上，干农活上是一把好手。他在采石场上班，架头抡锤、放炮的危险任务都勇敢地争先地上。周思和重视孝道，多年来，坚持为祖先祭祀、清明上坟等事宜，一直都能主动、热心。生有五女：长女，周永美，生于 1963 年；次女，周永琴，生于 1965 年；三女，周巧云，生于 1967 年；四女，周永英，生于 1970 年；五女，周永云，生于 1973 年。

周思顺

周思顺（周氏第九世），生于 1952，卒于 2010 年，周支银次子，是祖父周思孝的堂房兄弟，其年龄与编者相差无几。因其是家中最小的儿子，比较得宠，从小我们在一起玩耍之时，他有许多优越感，但是，我们这一帮小朋友，都跟着大人们喊他“小毛头”，也不知道有尊卑关系的。有一次，我与他一道在独轮车上玩耍，他突然跳下，使我失去平衡，一下撞到墙上，头撞破，并且昏了很长时间。他喜欢文艺，对广播中的歌曲或是现代革命样板戏，都是他先学会，编者许多曲子都是跟他学会的，当然，我是后来者居上，到后来编者参加汤山中学宣传队，又后来考入县剧团，都是因为自己能将8个“样板戏”基本熟记于心有关，至今难忘当初的情景。还记得当年造螺丝冲水库，土方要从山上取，山高路陡，他一个人拉一板车的土，从山上放下，只见他单腿压把，当作手刹，能够一溜烟地从山上冲下去，速度又快又稳，没有第二个人敢这样做，我真是很想学，但又不敢冒险，而他却十分自如、轻松，并且很享受的样子，使我至今难忘。儿时的玩伴因在采石场工伤事故中早早离世，回想当年不胜伤感。对他的总体印象：聪敏、灵活但不活泼；他不善言语交流，有困难也不愿请别人帮忙，干活卖力。他生有一子一女，卒葬裴墅响水坝集体公墓。

周思兰和周春香，我对于她们具体事迹记不清楚，但记得二人的嗓子都是特别好，这充分说明她们遗传了周氏家族的好嗓子，有音色好、音亮高的特点。她们都是典型的文艺爱好者，可惜均未能派上用场。周思兰，生有一儿四女：长女，周永风；次女，周永兰； 三女，周永翠；儿子，周永根；五女，周永远。

第三章　周氏家族文化研究

第一节

周姓家族文化的形成与个性特征考述

现代历史学家、古典文学研究家、语言学家陈寅恪先生曾言："夫士族之特点既在其门风之优美，不同于凡庶，而优美之门风实基于学业之因袭。"这句话告诉我们优秀的门风来自后天的学习与家族的遗传。周姓自古至今都是中国一大姓氏，源自黄帝"姬"姓，有着极其高贵的血统源流，中国古代就讲究"姓氏文化"，"贵者有氏，贱者有名无氏"，贵贱不可通婚。其实，仔细考证后发现"姓""氏"实在是中国古代的一项伟大发明。有资料研究表明，多数欧美国家迟至中世纪中期才开始采用姓氏制度，而朝鲜、越南等亚洲国家亦至 10 世纪左右才相继使用姓氏，日本更迟至明治三年（1870）才准许百姓取姓。中国人注重姓氏文化就是让优秀的血统有序传承，所谓“士族”“门阀士族”“贵胄”等，实际上是在区分人员的优劣，相互之间的通婚也是以此为基础的。在整理资料时，编者发现：周姓家族文化中，几乎包含了中华民族所有的优秀品质，而“仁义道德，忠孝谦让”则是周姓人自古至今受到的有关人生行为准则的基本教育。

仁义道德：周姓人的先祖，就是以施行仁政而著称，三千年前，自古公亶父、公季到周文王，都有施仁政的传统。施行仁政的结果是：人们各安其位，国家安宁。汉代的周燕舍生取义，代长官受过，成为早期周姓人的一代典范。西晋周浚在平吴后，以德服人，宾礼吴境故老，搜求贤才，受到吴人敬佩。南朝刘宋周颙临终殷殷嘱托其子周舍：“汝不患不富贵，但当持之以道德。”周姓人仁义道德的集大成者则是宋代理学奠基人周敦颐。他任官时，以清理冤狱，泽福于民著称，不惜与上司论争，也要为罪犯求得一个公正的判决；他常常不思劳苦，跋涉瘴疠险远之地，去除百姓的冤情；他还将自己所得微薄的俸禄用来周济族中贫困者，而自己的妻儿连粥都喝不上。作为宋明理学的开山鼻祖，他的思想对中国传统文化有极深刻的影响，二程（程颢、程颐兄弟）师承，再经朱熹将理学理论发扬光大。他写出的《爱莲说》成为不朽名篇。周敦颐还有一套无欲、主静、求诚的道德修养方法，正因如此，他才能达到很高的人品境界，以至于被世人誉为“人品极高，胸中洒落，如光风霁月”。他的这种品德和修为，对周姓人的影响很大。因此，周姓人在为官时大多能勤政爱民，有良吏之称，在族中则彼此友爱，互相帮忙，成为典范。如东汉周嘉任零陵太守，有善政，百姓为其立祠纪念；明代周忠有惠政，去世后百姓为其立祠；周尚化勤政惠民，下邳人为其立生祠；清代周廷寀为官恪尽职守，为民解忧，被人们称作“笃行长者”。诸如此类事迹，历史上一时难以穷尽。

这一切都证明一个事实，一个优秀的家族文化的形成是千百年的长期积淀的结果，这些优秀的道德品质在历史的长河中不断发展壮大，才形成中华姓氏中名列前茅的周氏大姓。

在周氏的家谱中，对仁义道德也有明确阐述与规定，绍兴《越城周氏支谱》所刊周恪撰写的《南门梅轩公家乘自序》，对“仁爱亲亲”有这样的阐释：“孔子曰：‘不爱其亲，而爱他人者，谓之背德。不敬其亲，而敬他人者，谓之悖礼。’爱敬先于吾亲而后及于他人，斯不失先后之序矣。”这告诉我们：欲在外立足，仁爱他人，必须先对内亲敬父母兄弟。《锡山周氏光霁祠家谱》中的“重道德”一条认为：“立身处世，需自重而后人重之。道德是人之率性天然，固有良行。日常生活，待人接物，虽不言道德，实道德无不在也。”

忠：大者对国家，小者对官长、上司的忠诚。西汉时，大将周勃遵汉高祖刘邦在世时所立誓约：“非刘氏而王者，天下共诛之。”当诸吕先后封王封侯，专权于朝政时，身为太尉的周勃遂联合其他人，诛吕安刘，表明对刘氏政权的一片忠心。西汉末年，周嘉与太守何敞被起义军所包围，白刃加身，周嘉厉声呵斥众人，体现他忠君守节，护主而出；西晋平西将军宜兴周处，在明知被人陷害，于命不保时，仍然坚持上战场，最后以身殉国，实现了为国效节授命的诺言；东晋初年，周顗叹中原被少数民族占领，留有著名的“新亭对泣”之典故，王敦之乱中，敢于大骂王敦“倾覆社稷，枉杀忠臣，凌虐天下”，后以身殉国；东晋中后期，周虓（音消）被前秦所获，拒不受秦官，且当面呼前秦主苻坚为“氐贼”，并声称“生为晋臣，死为晋鬼”，连苻坚也称他为“忠臣”。

孝：指善事父母长辈及对祖先敬畏之心和祭祀之举。这是周姓人由来已久的一项传统美德。东汉时的儒学家周磐，孝养母亲，母去世，在母坟前筑庐舍而居；唐代周光济，因父在鲁城守卫战中被叛军所杀，后来，凡捕获到曾攻打该城的叛军，必亲手刃之，替父报仇；宋代周必大，虽贵为宰相，然事母极孝，事兄甚谨；明代周琬代父受刑，是有名的孝子；清代周人伟，尚在襁褓之中时，父亲为人所杀，及长大成人，手刃杀父仇人。忠孝难全时，周姓人往往是舍孝而尽忠。最典型者为晋朝宜兴周处，当他受命西征，且极有可能因遭陷害而战死疆场时，有人劝他："家有老母，可以辞行"，周处却说："忠孝之道，安得两全？既辞亲事君，父母复安得而子乎？今日是我死所也。"表现出大无畏的牺牲精神。

周姓人对"孝"的追求，其中有些规定在家谱中也有体现，修于民国年间的《锡山周氏光霁祠宗规》规定：凡族中人须"崇孝行"，如：人子在家安分守己，勿为恶即是孝；朝夕供养，食不必尽膏粱，衣不必是文绣，但求尽己之心，恭敬诚意，也是孝，并对族中孝子给予褒奖。《锡山周氏宗谱》中也有"子必孝"的明确规定。

对于先祖的祭祀也规定甚多，如要求建宗祠，要按时供奉祭祀，"吾族祠祭，务必春以清明，秋以重阳，今改冬至。随时荐以时物，必致其诚，毋曰鬼神渺茫，祭无益也。"所有祭祀活动，都是为了强调后人必须要"孝"，认为"生育之恩，覆天倾地，祭祀祖先，则可少尽补报之心，有利于后人"。

谦让：是指清正廉洁、去奢从俭，以及躬身克己、谦让于人。这是周姓人的又一优秀品质。周人先祖泰伯、虞仲以谦让王位而获得孔子"至德"的赞誉，历史上周姓人类似的故事很多：理学先驱周敦颐为官三十年，官居六品，去世后家无余财，当时曾任德化县尉的潘兴嗣为其作墓志铭："其家服饰之物，止有一敝箧，钱不数百，人莫不叹服，此余之亲见也。"与周敦颐几乎是同时代的宋代"朝散大夫主管建宁府冲佑观的周淳中"，其墓于2006年11月在浙江温州瑞安出土，也是一位周姓后人，绍兴辛未科进士，曾做过海宁县知县等职，最后以服五品，阶朝散大夫，卒于任上。其人为官清廉，生活清苦，在他夫人的墓志上写有"其谦退谨约则过于寒素，家女衣被不厌补浣，饭膳不厌疏恶……"意思是衣被反复补洗、饭菜极其粗淡，这反映出他生活清苦的境遇。根据专家研究梳理，周淳中也是与周敦颐同一个先祖，难怪其个性骨气相同。

周姓人一贯崇尚诗书传家的传统理念。特别到了南朝时期，周姓人以糅合佛、儒、道诸家思想并扬名于世。通过文化上的优势，周姓人由此在仕途上也比较顺畅，不少人成为出任太学博士、国子祭酒等重要的文职人员，还有的人则因此转任更高层次职位，甚至位至宰相，正是崇尚以诗书传家，教育培养出不少优秀人才。到了隋唐以后的科举考试时代，周姓人的文化优势更进一步凸现出来，进士、状元辈出，到了明清时代，仅在吉安周氏中就有相当多的进士、状元。因此有"翰林多吉水，朝士半江西"的佳话流传。有明一代，吉安周氏至少出了八位进士，若推及整个历代科举的所有周姓人，其数目会更大。这是周姓人总是把教育放在第一位的成果。

这里还将介绍一批近现代有突出贡献的周氏家族的重要人物，他们都是汝南周氏后人，在他们身上比较典型地反映了先祖遗传下来的个性特征，如：鲁迅，原名周树人，绍兴人，1881 年生，1936 年去世。他是伟大的文学家、思想家，是“新文化运动”的奠基人，是汝南周氏的后人。鲁迅一生，为祖国留下来七百余万字的著译，再加上日记、书信等总字数达一千万字以上，他“甘为孺子牛”的精神为后人敬仰；周恩来，字翔宇，别名伍豪、飞飞等，原籍浙江绍兴人，1898 年 3 月出生于江苏淮安，1976 年 1 月 8 日在北京逝世。周恩来是伟大的无产阶级

鲁迅照

革命家，新中国成立后，历任政府总理、外交部长（兼）、中央军委副主席等。在共产国际时期，周恩来曾任中共中央军事委员会书记，是中共中央五人小组成员之一，在革命的紧要关头，他力推毛泽东同志担任中共中央主要领导人，并态度鲜明地维护其权威，他的谦让，他的顾大局、识大体，这些都是伟大人物的表现；他的任劳任怨，办事认真，坚持原则的性格，均是周姓人优良家风的遗传和美德。在历史的长河中，后人会永远铭记他，视其为一代伟人（注：他与鲁迅同为绍兴周氏后人，鲁迅为绍兴周氏二十世孙，周恩来为绍兴周氏二十一世孙，俩人同宗，汝南周氏后人）。

周馥（1837—1921），字玉山，出身寒微，但自幼聪明，家住安徽池州市东至县一个叫周村的小地方，跟随李鸿章40余年，成为东至周氏第一家族，官至两江总督，两广总督。是安徽东至周氏，远祖为唐代周访（汝南周氏后人）。周馥办事认真，善于总结经验，在治理黄淮三十余年写出了《治水述要》一书，《清史稿》为其立传。周馥有六子三女，六子：周学海，周学铭，周学涵，周学熙，周学渊，周学辉，诸人及其子孙在中国近现代历史上均有所成就，从而使东至周氏显盛于世。三女：瑞钿、瑞珍、瑞珠，其中小女瑞珠嫁给袁世凯儿子。

长子周学海，清朝光绪年间进士，补任内阁中书，又出任浙江候补道，但他对做官不感兴趣，而是志在医学，读书治学极为严谨精博，有多部著作留存。

次子周学铭，光绪进士，曾任知县，江西候补道，按察使，官居二品，湖南补道。后主编家乡县志——《建德县志》。

四子周学熙，我国著名实业家。1912 年和 1915 年先后出任陆征祥内阁和徐世昌内阁的财政总长，与张謇合称为“南张北周”。

安徽东至周氏自晚清以来，家族成员多以兴办实业为主，欲走实业救国之路。此外，因重视国学教育，故而人才辈出，这些优秀的家族人员涉及医学、建筑、佛教、金石、古籍收藏、戏曲、诗歌等多个领域，对中国近现代的经济、文化产生过一定的影响。

周仁（1892—1973），字子竞，南京江宁人，著名冶金学家和陶瓷学家，历任中国科学院工学实验馆馆长，上海冶金陶瓷研究所所长，上海硅酸盐化学与工学研究所所长，上海科学大学首任校长，中国钢铁冶金学、陶瓷学的开创者和奠基人之一，原中央研究院院士，中国科学院学部委员（院士），中央博物院重要筹备人之一。中国科学院上海冶金研究所在院内为其塑半身铜像，他是一位研究型专门人才，默默为祖国的科学事业做出了杰出贡献。

周光召（1929 年 5 月生），湖南长沙人，赝矢量流部分守恒定理的奠基人，获“两弹一星功勋奖章”，现任中国科学技术大学名誉校长、中南大学名誉校长，第九届全国人大常委会副委员长，中国科协主席，中国科学院院士等，是一位有卓越贡献的科技人员。

周培源（1902—1993），江苏宜兴人，中国理论物理学家，流体力学家，教育家，中国科学院院士，中国近代力学奠基人和物理奠基人之一，曾任北京大学校长，中国科学院副院长。

周有光（1906—2017），江苏常州人，杰出的语言文字学家，通晓汉、英、法、日四种语言。1955 年授命改行至文字改革领域，参与设计“汉语拼音方案”，被誉为汉语拼音创始人之一。

周汝昌（1918—2012），天津人，是我国著名红学家、古典文学家、诗人、书法家、翻译家，中国曹雪芹研究会荣誉会长。他一生著述甚多，尤其对《红楼梦》的研究，堪称一代大家。

综上考述，正宗周姓人的家族文化在世代传承中，已经深入到了骨子里，浸入到血液中，已经形成了独特的个性宗族文化特征，他们的仁义、忠孝、谦让、简约、礼贤、注重文化教育，已经得到社会广泛认同，他们爱动脑，肯钻研，干一行，爱一行，并且一定要干出成绩来方肯罢休的刻苦精神，永远值得周姓后人发扬光大，并永远传承。

第二节

周氏族人个性中的优秀部分与应注意的部分

周氏族人在几千年的历史文化进程中，已逐步形成了带有个性文化特色的家族文化。这些文化内容几乎包含了中华民族所有的优秀品质，因此，才能够在历史长河中不断壮大，而成了中华姓氏中一个大的姓氏。到底哪些家族文化是值得宣扬的呢？本节对此做一简要论述。此外，也指出了需要改进的地方。

一、仁义道德、忠孝谦让

自古公亶父、公季到周文王，都有施仁政的传统，对百姓仁爱，用仁政管理国家。仁义道德集大成者则是宋代先祖周敦颐，他任官以清理冤狱、泽福于民著称，不惜与上司论争，也要为罪犯求得公正判决，他用自己微薄的俸禄，周济家族中的贫困者，而自己的妻儿却连粥也喝不上（当然，他这样做未免也太过分了一点）。他创造了一套无欲、主静、求诚的道德修养方法，使他达到了很高的人品境界，以至于被时人誉为“人品极高、胸中洒落、如光风霁月”。他的这种品德，对周氏后人影响很大，因此周姓人在为官时大多数能够勤政爱民，有良吏之称，这样的例子历史上记载的很多，对此不再赘述。

在周氏宗族中也有针对本族人的一些规定，如绍兴《越城周氏支谱》所刊，周恪撰写的《南门梅轩公家乘自序》对仁爱亲情有这样的阐释："孔子曰：'不爱其亲，而爱他人者，谓之背德。不敬其亲，而敬他人者，谓之悖礼。'爱敬先于吾亲而后及于他人，斯不失先后之序矣。"《锡山周氏光霁宗谱》中的"重道德"一条，认为："立身处世，需自重而后人重之。道德是人之率性天然，固有良行。日常生活，待人接物，虽不言道德，实道德无不在也。"

忠：大者对国家，小者对官长、上司的忠诚。自商代忠臣比干，西汉大将周勃，东晋周顗，唐代周憬，宋代周美、周永清、周中、周章，明代周祯、周顺昌、周宗建，一直到清代周玉衡、周宪曾、周云耀、周大勋、周清元等等，历代周姓忠臣极多，可谓数不胜数。

孝：善待父母长辈，表现为敬尊祖先。在忠孝难两全之时，周姓人会舍孝尽忠，其大局意识非常鲜明，西晋时宜兴周处是典型例子，明知上战场之后几乎不能生还，而且友人还劝他，家有老母，可以辞行，但周处毅然决然地选择了赴死疆场，此为大孝大忠矣！修于民国年间的《锡山周氏光霁祠宗规》规定：凡族中人须"崇孝行”，“孝”的内容可表现为多种方面，如：人子在家安分守己，勿为恶，即是孝；朝夕供养，食不必尽膏粱，衣不必是文绣，但求尽己之心，恭敬诚意，也是孝，都要予以褒奖。

谦让：清正廉洁、去奢从俭，以及躬身克己、谦让于人。这是周姓人的又一优秀品质。先祖泰伯、虞仲以谦让王位而获得孔子“至德”的赞誉。先祖周敦颐为官三十年，官居六品，去世后家无余财，时人为其作墓志铭：“其家服饰之物，止有一敝箧，钱不数百，人莫不叹服。”崇尚清廉俭约，已为周氏家风。

二、提倡文化教育，以诗书传家

周姓人一贯倡导诗书传家，重视儒家学说，重视儒学教育，这方面汝南周氏最为典范，并获得巨大成功。通过文化上的优势，周姓人由此在仕途上也比较顺畅，在魏晋时期不少人出任太学博士、国子祭酒等重要职务，更多的人则因此转任更高层次职位，甚至位至宰相。正是因为崇尚以诗书传家，才能教育培养出不少优秀人才，出仕朝廷，使周氏族人的显赫地位不坠。到了隋唐以后，科举制度实行，周姓人的文化优势更加明显，进士、状元辈出。到了明清，仅在江西吉安周氏中就出了相当多的进士、状元。还有一些周姓人并未在考场中得意，但因好学进取，如明代吴江周述学，乃周敦颐后裔，一生未曾中过进士或状元，但其好学、著书、立说，得到人们认可，是文人中之佼佼者。周姓人一般有设立奖项资助学业的传统，总是把教育放在第一位。

三、应该注意改进的方面

以上是周姓文化中的优秀部分，但针对周姓人的内在个性或血统遗传，在有些地方还应予以改进，或者说有些地方应该向更优秀的姓氏家族学习，取其长补其短。编者认为能够不断学习和完善自己的民族才能永远立足于民族之林。一个人若要修身、齐家、治国平天下，连自己的优点、缺点都弄不明白，更不懂得加以改正，这是严重违背了周氏优良传统的一种错误行为，必须予以改进。

编者读了著名教育思想家和史学家颜之推《颜氏家训》后颇受启发，颜之推说自己经常是嘴和心互相矛盾，理智与感情互相冲突，夜里觉察出白天的过错，今日懊悔昨天的过失，“自怜无教，以至于斯”。他看到世上的一些父母，对子女不加以教诲，一味溺爱，饮食起居过于迁就，应该训诫的，反而奖励，应该呵责的，反而一笑了之，等到小孩长大，这时才来管教，为时已晚。“骄慢已习，方复制之，捶挞致死而无威，忿怒日隆而增怨”；

孔子曰："少成若天性，习惯如自然。"天下第一等大事是教育，而儿童的教育乃重中之重，所谓"童蒙养正"即从小就培养良好的习惯，培养起志向，一切得从小抓起，不一定要培养技能，但应着重培养志气、志向。

梁元帝时，有个学子很聪敏有才气，深得父亲宠爱，一句话说对了，父亲就到处夸奖，一件事做错了，父亲就为他百般遮掩粉饰，指望他自己改正，后来逐渐成形，而一天比一天残暴傲慢，终因言语放肆，被他的上司周逖杀掉，将血涂在战鼓上以示警于人。

北齐武成帝的儿子琅琊王高俨，因成帝和皇后都宠爱他，便不知高低，他看到皇帝哥哥有什么就想要什么，得不到要求便会大发脾气，不知君臣界限，最后被皇帝哥哥幽禁而死。

兄弟之间，双亲去世后，应该互相照应，应当像身体与影子，声音与回响一样，爱惜父母留下的躯体，爱惜与自己气血相通的兄弟，而兄弟之间彼此期望过高，容易产生不满，但关系亲近，有些不满也就容易消除。就好像是房屋一样，破烂一个洞，立刻堵塞，裂了一条缝就及时封住，这样，不必担心房屋倒塌，否则，鼠雀侵蚀，房子就会被破坏了，"兄弟不睦，则子侄不爱，子侄不爱，则群从疏薄，群从疏薄，则童仆为仇敌矣"。

以上所举例，都是《颜氏家训》《弟子规》中所载的内容，并非一定是有这一缺点，但这是人们最容易犯的一种错误。我们周姓人耿直，性格要强，并有些固执，若不时刻加以提醒，在特定的环境中，便容易失去智慧，因此，必须引为重视。

针对周氏后人的个性与习惯，《弟子规》中的这一部分也应该时常学习对照，平时要做到：“说话多，不如少，维见是、勿佞巧，刻薄语、秽污词、市井气、切戒之，未见真、勿轻言、知未的、勿轻传”。“彼说长、此话短，不关己、莫闲管，见人善、即思齐”。“人有短、切莫揭，人有私、切莫说，人道善、即是善，人知之、愈思勉，揭人恶、即是恶，疾之甚、祸且作，善相劝、德皆建”。对于读书学习和工作，要求“做一样，专一样”，“方读此、勿慕彼，此未终、彼勿起，宽为限、紧用功，工夫到、滞塞通”。这些训教，看起来都是一些日常小事，并非“忠孝仁义”的大道德，但对每个人都有实际用处，可以经常对照，它们是中国人的文化观念，一定要传承下去的，请周氏后人注意。《锡山周氏光霁祠宗谱》中的“重道德”一条，认为：“立身处地，需自重而后人重之，道德是人之率性天然，固有良行，日常生活，待人接物，虽不言道德，实道德无不在也。”这里所讲的这一道理，即是个人修养决定你道德品质的高低。所谓“更为曲突，远徙其薪，不者且有火患！”这句话告诉我们火灾尚未发生时，就已经将灶的烟道做了改变，并且又将靠近灶膛的柴火搬离更远一些的地方，以杜绝火灾。换句话说，就是不要等到问题出现才去解决，那样就为时晚矣！

《道德经》中有："天下难事，必作于易；天下大事，必作于细"，"合抱之木，生于毫末；九城之台，起于累土；千里之行，始于足下"，"做事立足要低，做人境界要高；做事不贪大，做人不计小"，"知足不辱，知止不殆"。见好即收，不必贪求富贵，这样才能永葆平安富贵。

要学习韩信，欲成就大事，甘受胯下之辱，不要受一点小气，便忘记自己的奋斗目标。人不可能都尽善尽美，不要将目光盯着过错而不看成绩，致使因小节而损害大体。人生最大的悲哀，就是将自己一辈子的精力消耗在一些小的事情上。特别是关于人生设计上，要从大的方向考虑，即使一时难以实现也不要紧，可以慢慢接近自己的目标。如果大方向有错即使你再怎么努力，也将不会成功。要学会柔和，周姓人性格较强，硬拼不如柔和，就如牙齿与舌头，牙齿掉光了舌头仍然存在；要学会隐忍，许多矛盾的化解不是靠自己如何强大，压制别人，而是隐忍，世间忍住一口气，万事可平息；要学会沟通，许多事情通过沟通方能互相认识，互相理解，解决许多不必要的误会；要学会尊重，尊重别人就是尊重自己；

要学会放下，人生如一只皮箱，需用时提起，不用时放下，整天拖着沉重的行李，无法轻松自在，总有一天会把自己累死；要学会舍得，人们的痛苦和烦恼，主要是内心的贪欲，要想获得幸福，就要舍弃，有舍才会有得。

以上是编者的一点泛泛之谈，不成体系，不得要领，仅供消遣。最后以《颜氏家训》一句话作结："是以与善人居，如入芝兰之室，久而自芳也；与恶人居，如入鲍鱼之肆，久而自臭也。"这实际上讲的"近朱者赤，近墨者黑"的道理。

第三节

周氏性格优劣与《家训十条》

制定本“家训”，是针对周姓人自古以来的总体性格特点与为人办事风格，又结合多家“家训”“家规”“格言”“遗训”而作的这一章节，还结合作者自身的体会与理解而产生的一个综合体，仅供后人参考与借鉴。

一、针对周姓人慢半拍，不愿争先的个性

老子曰：“上善若水，水善利万物而不争。”用今天的话来讲，我像水一样是件好东西，我不怕你不用我，我不用与你们争抢。其实不然，如同乘车，你不抢先就没有座位，等到下一站，即使有人下车了，也会被后上来的人认为一定是他的位置抢去的。不争先或是慢半拍，周姓人自古以来就存在这一缺点，凡能载入史册者都是后来改正了这一缺点后，奋起直追，后来居上的，大多数慢半拍者，不争先者难以成就事业。因此，你不甘心落后就一定要表现出来，今后的社会是竞争的社会，各种规则会越来越公平，也会越来越残酷，僧多粥少的现象普遍存在。我们周氏后人若不想过低三下四的生活，

就必须有志向，要有让自己抬头挺胸的资本，慢半拍，不争先肯定不行。

二、针对周姓人将才智“运于虚”的特点

“运于虚”本身并非坏事，所谓运筹帷幄嘛，但“行于实”或“敏于行”更为重要。我们做任何一件事，都应立足要低，脚踏实地，从小事做起，所谓做人境界要高，做事不必贪大。这就是《道德经》中的“千里之行，始于足下”的道理，不管前面有多大的问题和风险，只要目标设定得准确，又切合自己的能力，就应义无反顾地向着目标迈进，千万别过了嘴瘾后就算了。也不要做那种今日播种明日收获的小孩子事情。“运于虚”，则会“空谈误国”，被人们误认为是喜欢吹牛，办不了大事之人。

三、针对周姓人过于“较真”的特点

“较真”就是计较别人看法，在乎别人的眼神。人情世态，不宜太真，世俗的人情是根据人的处境变化而变化的，人们的脸也会随着地位的高低而变化。趋炎附势，世人之常情，得意时受追捧，不必飘飘然也，更应保持清醒，失意时也不必灰心丧气，只要面对现实，真诚待人，以真面目示人，总有出头之日，这一点非常重要，要认真，要坦诚。至于对方是否真诚，是否真面目，不要去计较，

更不必太“认真”，心中要“坦然”面对，一笑置之。千万不要在乎别人的眼神，那样会很累，也更会促使别人的议论。

四、针对周姓人“碍于面子，勉强出头”的个性

“直木先伐，甘井先竭”，强要面子，顾不得里子，行高之人，众必诽之，常立于人前，必遭人忌恨，所谓“木秀于林，风必摧之”，枪打出头鸟嘛！这是社会的普遍现象，默默做事，低调做人，办事尽量中庸，不必勉强出头，人们会自然地尊敬你，千万别强争所谓的“面子”。要学会柔和，学会隐忍，学会沟通与放下。

五、针对周姓人太相信“命运”，认命是不可取的

命运是掌握在自己手里的，千万不要相信天上掉馅饼，成功只会给予那些有准备的人，所谓预则立，不预则废。时机一旦成熟，便能够顺势而为，要借天、地、人的自然运动之能量，势差越大，能量越大，犹如瀑布。能量哪里来？能量要平时积累，好运哪里来？时势造英雄，要耐心等待和自己创造，一味等待肯定不行，把自己的事情做好，另一半就靠外部的大环境了，外部环境

一旦成熟，便可乘风而上。

六、针对周姓人天资平平，却欲望颇多的特点

“嗜欲深者天机浅”，一个人的欲望过多，就会相应地缺少智慧与灵性，这就是辩证法。每一个人的能量都相差不大，看你用在什么地方，有人用在玩乐上，有人用在工作上。针对普通人，最好能够一辈子就做一到两件事，这一两件事做到了极致，就是专家，就是能人，做自己喜欢的事，看自己喜欢的书，不论是哪一方面都行，专心致志，必有功到自然成的一天。千万别贪图太多，结果会一事无成，所谓：“小猫钓鱼，应一心一意，三心二意者，肯定一辈子难成一事”，谨记一句话：“逆流而上很辛苦，进步；顺流而下很舒服，退步。”周姓人“天才”者不多，要抛弃一切不合实际的幻想，脚踏实地做事才是普通周姓人的唯一通道。

七、针对周姓人“急于表达，言未达意”的特点

世上大多数人总有这一毛病，急于要表达自己的想法或意见，但这些想法或意见是否考虑周全？你自己是否懂得对方的想法？只知自己一吐为快，目的能否达到呢？我看大多数人都忽略了上述问题。古人云：“多言为世上第一病，动不如静，语不如默。”口若悬河滔滔

不绝者，世人大多讨厌，反倒是沉默不语，若有所思者更显高深莫测。不是要你不说话，而是要你想清楚之后再说。说恭维话不好，说真话未必有人愿意听，因此，说话很难，建议你在弄不明白时，不如不说，或者少说。

八、针对周姓人“脾气躁，性子急”的特点

一个人的成功与失败，主要取决于自己的脾气性格。虽然都知道脾气躁，性子急不好，想改掉，但并不是一下子可以改掉的。从遗传学和医学上讲，胆汁排量大和多血质的人，其性格比较急躁，他们有急迫感，竞争性强，连吃饭都比一般人快，看书一目十行，做事比较毛躁，感情用事等等。针对这一性格特点，要注意的方法主要是靠自己的心里调节，适时做自我暗示：何必急呢，世界离开我，地球仍然转？一定要改变方式，不要发火，当发现自己的情绪暴躁时，可有意识地转变话题，转移注意力，最重要的方式，是站在对方的立场思考，因为，发脾气最终于事无补。千万要注意！

九、不要太好说话而缺乏原则

周姓人聪敏，有个性，善于反思，知道缺点后会努力改正。但人善被人欺，马善被人骑，本来善良是件好事，过于善良则成为病态，由于你的善良会导致别人的理所

当然，你的意见也将会被人忽略。古人有“对人别太好，喂狗别喂饱”之说，因此，做人不要太好说话，关系再好，不能承诺超出自己能力范围的事。不要为了合群而削足适履，失去自我，要善于麻烦别人，因为在互相的麻烦中能增进彼此的情感和友谊。

十、必要的麻烦是增进情谊的桥梁

我们这一支周姓的个性特点也是很明显的，不愿麻烦人，不太擅于和外面人沟通，哪怕是宗族之间也走动不多，虽然心地善良，但也比较固执。如始迁祖周应宿，若能与上司多沟通，若能利用宗族之间的力量（指帝师周长发），他的仕途将不可限量。今天，我们周氏的这一性格特点，仍然很明显地存在。人与人之间，上下级之间，亲戚朋友之间，都要有所沟通，麻烦是相互的，没有麻烦哪里还会有情谊呢！

家族之间、兄弟之间也会产生一些矛盾，但他们有血缘关系，应很快地加以修复。破了一个洞，裂了一条缝，不堵不塞，就会有鼠雀风雨进来，房子早晚会倒塌的。正如《颜氏家训·兄弟篇》里所说“兄弟不睦，则子侄不爱；子侄不爱，则群从疏薄；群从疏薄，则僮仆为仇敌矣。”

第四章　相关资料

第一节

孟塘周氏世系表[1]

孟塘周氏自始迁祖周应宿于清乾隆初年定居孟塘后，形成了现在的周氏一族。这一族的先祖，其远可追溯到汉代汝南周氏，其近可追溯到绍兴后马周氏，源源不绝，千古流芳。现仅将孟塘周氏一支世系表列出，而句容和汤山等地的周氏宗亲，因各种因素制约暂未列入，待再编时加入其中，以全我愿。

①清乾隆年间至公元 2018 年 12 月 31 日。

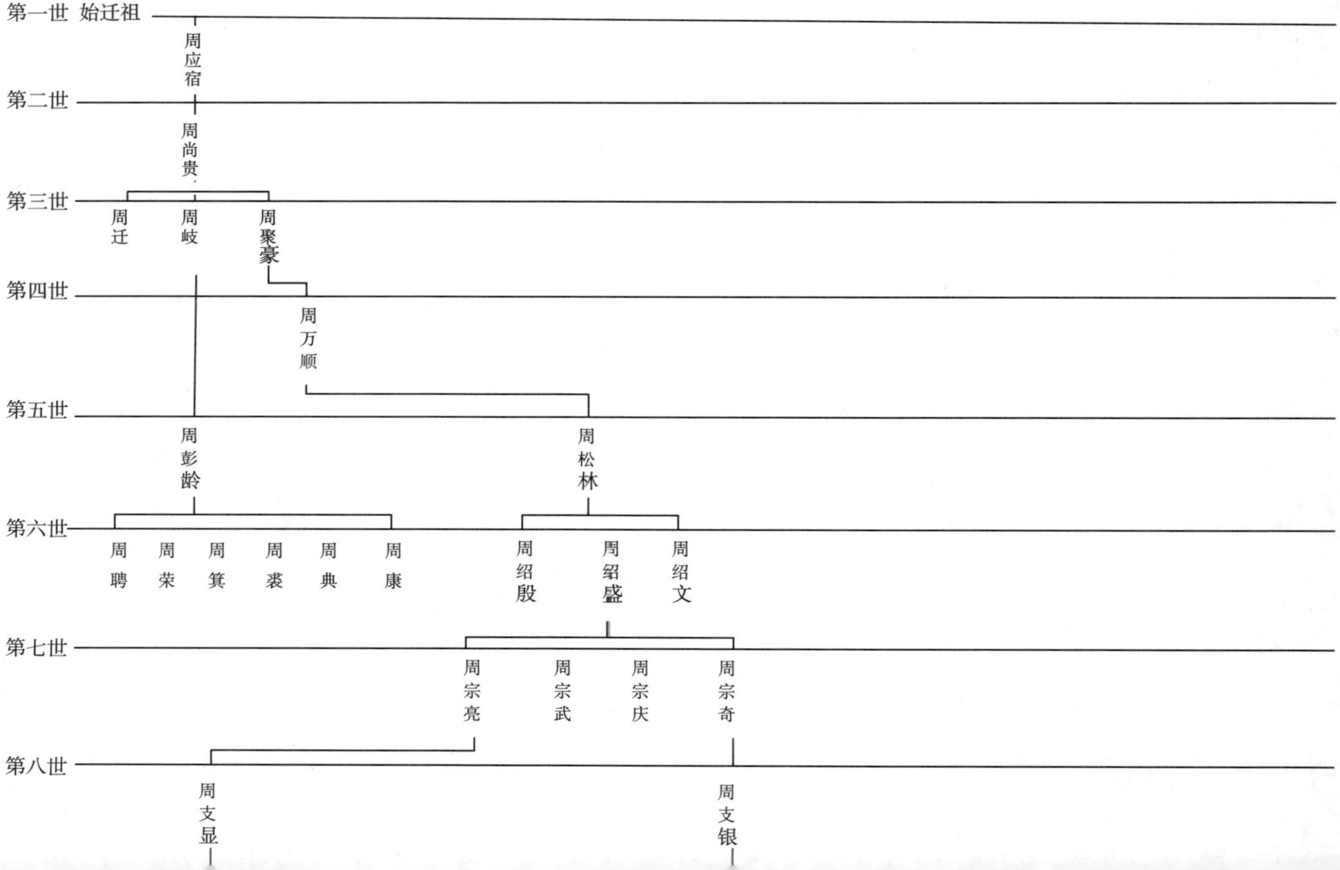
第一世 始迁祖
周应宿
第二世
周尚贵
第三世
周迁
周岐
周聚豪
第四世
周万顺
第五世
周彭龄
周松林
第六世
周聘
周荣
周箕
周裘
周典
周康
周绍殷
周绍盛
周绍文
第七世
周宗亮
周宗武
周宗庆
周宗奇
第八世
周支显
周支银

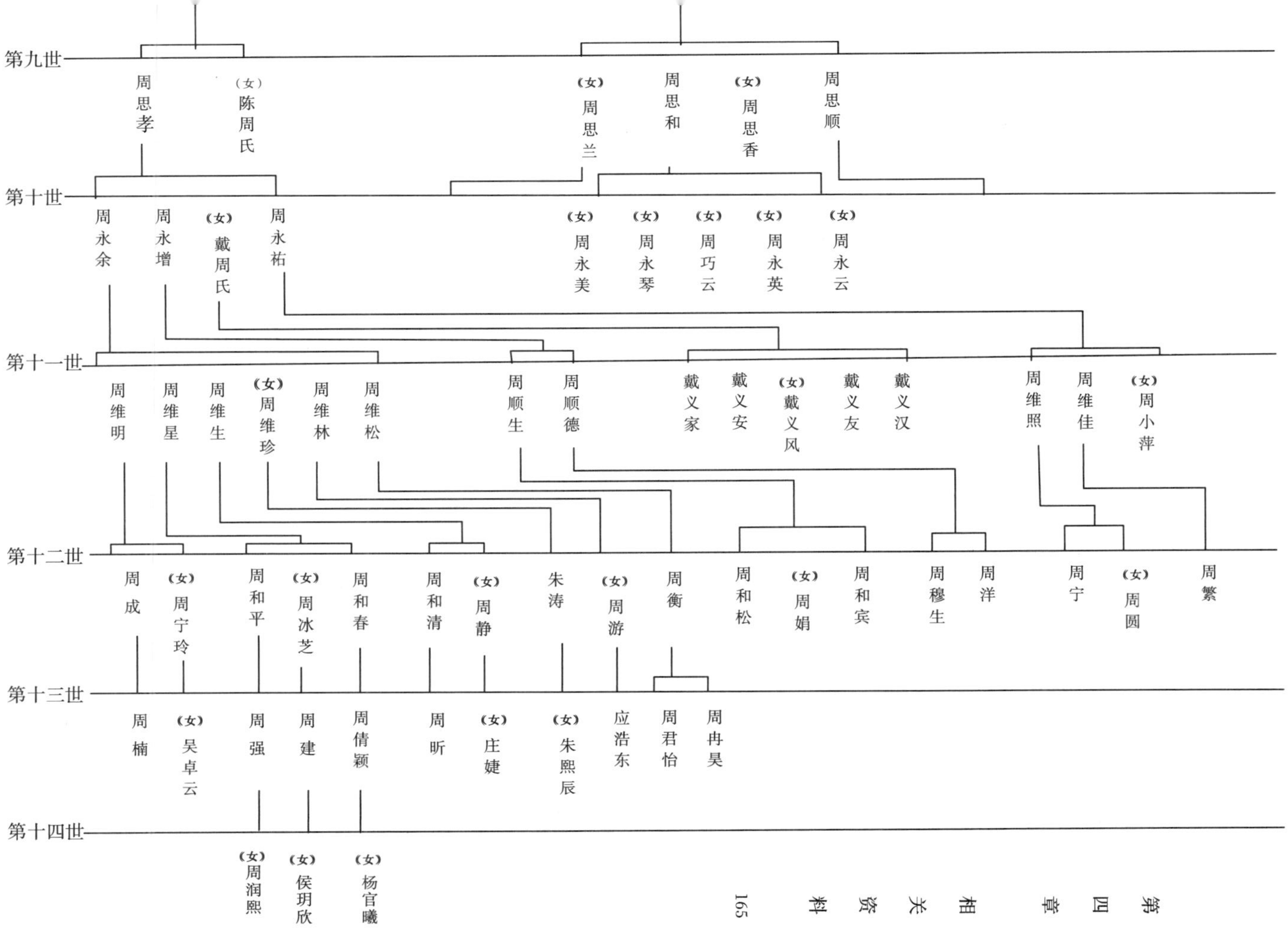
第九世
周思孝
（女）陈周氏
（女）周思兰
周思和
（女）周思香
周思顺
第十世
周永余
周永增
（女）戴周氏
周永祐
（女）周永美
（女）周永琴
（女）周巧云
（女）周永英
（女）周永云
第十一世
周维明
周维星
周维生
（女）周维珍
周维林
周维松
周顺生
周顺德
戴义家
戴义安
（女）戴义风
戴义友
戴义汉
周维照
周维佳
（女）周小萍
第十二世
周成
（女）周宁玲
周和平
（女）周冰芝
周和春
周和清
（女）周静
朱涛
（女）周游
周衡
周和松
（女）周娟
周和宾
周穆生
周洋
周宁
（女）周圆
周繁
第十三世
周楠
（女）吴卓云
周强
周建
周倩颖
周昕
（女）庄婕
（女）朱熙辰
应浩东
周君怡
周冉昊
第十四世
（女）周润熙
（女）侯玥欣
（女）杨官曦

第二节

原始墓地及迁葬情况一览

家族墓地是家族成员死后聚葬之所，中国自古便有聚族而葬的习俗，为恪守孝道，族人需每年祭扫和维护，以起到敬祖、宗族团结与维持家族力量的作用。人们认为坟墓乃祖宗体魄之所藏，子孙思祖宗不可见，见所葬之处应该如见到祖宗一般的敬畏。此外，传统上认为祖茔乃后人命脉之所系，祖坟葬地之好坏，涉及后代的繁荣、繁衍等方方面面。因此，中国人不会轻易迁动祖宗坟茔。

然而，社会的进步，人口的增加，城市的扩大，各种各样的工程建设的需要，使得我们的祖坟也不断迁动，诗经曰：“周虽旧邦，其命维新。”周姓之祖先，早就有适应新形势、革新求变之精神传统，我们必须要响应。但我们绝对不能忘记祖宗，为了让我们的子孙后代了解一个大致情况，现将孟塘周氏的祖茔变迁现况做一个简要回顾和说明：

一、南山方冲周氏祖茔：北纬 32° 4′ 41″ 、东经 119° 3′ 8″ ，自始迁祖周应宿于清乾隆元年（1736）中进士，乾隆二年（1737）接朝廷指令从绍兴老家到句容上任县令，致仕之后，便落户孟塘，形成周姓新的一支。因此，南山方冲周氏祖茔就有了乾隆年间碑刻、嘉庆年间碑刻，还留存有祭台等石刻及数十座祖坟。这些祖坟于2018年10月迁葬于汤山尚庄的龙尚公墓。（因为江苏省园艺博览园在孟塘村一带大搞建设，不仅祖坟等一律迁走，连孟塘这个千年古村也于2018年9月被全部拆迁了）

二、汤山桃园村周氏祖茔：此处残留有坟30余座，因地税局培训学校在此建房，于2000年首次迁入孟塘南山大岘旁边，合为一座大坟头，又于2018年10月全部迁往汤山尚庄的龙尚公墓集中安葬。

三、大岘独凹周氏祖山祖茔：此处是周氏祖山，有祖坟约10座。

四、射乌山山南、张家岗村之上周氏祖茔：此处现有5座坟及坟圹，碑刻完好，是清道光年间周万顺等祖坟。

五、孟塘甘山之南坡周氏祖茔：此处有10余座民国时期的周支显等祖坟，原址为孟塘村东头的塔山南坡祖坟，1973年安基山水库施工建设而迁至此。现于2018年10月再次动迁至汤山南山海子沟集体公墓。

六、孟塘甘山之南方冲口周永余墓：于2008年12月其妻周永兰病故而迁坟合葬于裴墅响水坝集体墓园。

七、周维明，葬广东珠海某公墓园

以上祖茔总体是归为三处：清代迁葬龙尚公墓；民国迁葬南山海子沟公墓；现代迁葬海子沟和裴墅响水坝公墓。

第三节

汤山孟塘周氏20代辈分谱

字辈谱诗是与宗族姓氏的血缘和取名有关的一种特殊文化，是记载宗族世系人名的排行表。字辈谱诗将会随着宗亲人员不断迁徙和人口增加而变化，只要你能够严格按照修谱时编订的字辈谱诗排列，就能够在任何地方都准确区分出长幼尊卑次序，就不会有差错。

此次修订的字辈排列，仅编排20个字辈，是从孟塘周氏先祖周支显的“支”字开始的，因为，周支显是编修者的曾祖父，其历史脉络是清楚的。今后族人依照辈分的高低，使用其中一个字，接着再另取一个字做自己的名字，形成“姓十字辈十名”的固定格式，这样将永远都不会使家族内部人员的辈分错乱。若干年之后，当这些字辈的字用完了，其谱也会有后人再次修订，又将再添出新的字辈序列。这样，只要是同一宗族成员，不管人数有多少，也不管迁往何处，只要报出自己的名字，宗族里的人就可根据名字所包含的字辈排列次序，确定其辈分的高低，永远都不会在辈分上面混乱！

20 代辈分排列诗：

支思永维和，正直弘义长，

广建忠尚勤，文贤定泽亮。

公元二〇一八年八月订

第四节

千年古村——孟塘

孟塘，古村落也。为何称孟塘？是否最早为孟姓所居，亦不可考。只知道村后有一座大土墩曰“俞阁老坟”，不知为何年何代的“阁老”。土墩上面是一片老树林，我们小时候从不敢上去玩，其旁有两座水塘，明显为人工所为，是所谓“风水塘”也。在我小的时候（约 1964 年前后），孟塘二队在土坡上造了一座砖窑，取土时确实出土了许多陶陶罐罐的文物和随葬品，那时候人们对这些文物不了解且毫不珍惜，很随意地就丢在田边的埂上。后又在土坡上建设了孟塘大队部，修了稻场，我们随处都可看到古砖碎瓦。晚上天黑时，地面上一片闪闪发亮的“鬼火”，吓得小伙伴们一直跑，而“鬼火”还跟随我们跑。现在我知道了，那就是一种化学物质“磷”，人死之后身体中的磷所产生的极轻的“磷火”，由于它很轻，在跑动时会发生随人跑的现象，确实是挺吓人的。按我们今天考古人的角度分析，此处是一处历史遗迹，无疑是有故事的地方。

自本人从事文物考古工作之后，逐步知道孟塘一带的历史是非常悠久的，至少从秦汉时期便是要冲之地。秦始皇巡游浙江回程（去浙江时从安徽的采石矶过江上岸），便是途经古江乘（现栖霞区千亩地古城遗址）渡江北上。江乘古城旧址距孟塘村仅10公里，它对孟塘村是一定有文化辐射的。我们从村中的老房子墙上，随处都可见汉代、六朝时期的砖块。20世纪70年代初，安基山水库兴建，考古工作者在这一带还发掘出土过不少古墓葬和文物。

孟塘村坐落在射乌山前，东边宝华山山脉形成的水系，自然形成一条大坝，坝两边用大青石砌筑而成，弯曲盘亘，由东向西从村中流过，四季水源充沛。自古人们便知道逐水而居，因此沿坝有许多村落，孟塘是较大的自然村，有3个生产队，有500余人。千百年来，人们建造节流了许多座水坝，每至春夏用水季节，非常巧妙地利用水的落差，通过底涵的调节作用而形成自流灌溉，几十亩乃至上百亩的秧田，根本不用任何人力行为便可随意控制，旱涝保收，真是充分反映我们祖辈的聪敏智慧。

孟塘村四面环山，植被优良，四季分明，山中小动物很多，尤其是野兔、野鸡，到处乱窜，也有一些草狼和狐狸危害村庄，门前大坝中盛产鱼虾贝鳖，人们一有空闲便去钓几条鱼尝尝鲜，这里的人们就这样无忧无虑地生活着。

孟塘村分上街、下街，街中间有一条青石板路，路中间有独轮车车辙痕迹，清清楚楚轧成一条小沟，独轮车从上面走过，非常轻快。上街的村子中间，有一口古井，早先街上有早市卖肉的人，在夏日将剩下的肉用钩子吊好放井中，就如同今日的冰柜一样。上下街之间由一座古桥连接，此石桥是明清建筑，石桥两边用大石块砌成水埠头，供村民淘米、洗菜、担水，这里也是我们从小游泳戏耍之地。

孟塘村从古代开始便是交通要道，它南面的大岘山和北面的小岘山，不知在什么朝代就被凿开了，使孟塘村南通汤山、句容，北通江乘、龙潭、下蜀、镇江，东连宝华山律宗佛教圣地；西通桦墅、盛村、章桥，最后到达古城金陵。下街曾有一颗巨大银杏树，树已中空，村中老人说："树洞中可放一张桌子，4个人可在中间打麻将"，这棵银杏树相传是梁代宝志和尚所植。当年宝志老和尚沿着宝华山各村都栽下银杏树，沿途也建造了不少寺庙，孟塘大庙是其中的一座，向西的葛巷还有一座雫辉庙。银杏树与佛教有关系，此树有1400余年的历史了，可惜，日本人来我村烧杀抢掠时一把火将其焚毁，整整烧了七天七夜。

村子居住着几个大的家族：上街有周氏家族、许氏家族、吴氏家族，下街有彭氏家族、许氏家族，另外还有一些其他姓氏的家族，通常居住时间不是太长，也无文字资料可考。

我们孟塘周家，在孟塘村居住至少已有近300年的历史了，南山方冲祖茔的碑刻清楚的刻有“乾隆三十四年（1769）”和“道光二十六年（1846）”的时间印记，另有在“嘉庆十九年间（1814）”重修孟塘大庙时，周氏先祖周聚豪等带头捐款捐物恢复重修孟塘大庙之义举的功德碑。这一切均证明孟塘周氏是这里的大户人家或是有威信的乡绅，在近300年的时间里就在此地居住，并热心公益事业。

周氏老宅，在孟塘村东，后面有一座小山曰“小茅山”，是孟塘村的“靠”，前面南山是孟塘村的“照”，东面塔山为“青龙”，西面甘山为“白虎”。在此小范围内形成的风水格局非常美妙。所谓：“前有清溪波环其室，后有树葱茏荫其居”，“阳宅须教择地形，背山面水称人心”。再稍大的形势为：背依射乌山，南依大南山，真乃形胜之处啊！自从1937年日本人占领南京后，在村东修建一条大马路（现在成为汤龙大道）。这条马路是日本人从汤山到东阳的大路，每天有一辆日本军车往来其间。因为大马路比较畅通宽敞，村中的石板路便逐步成为人行之路，来来往往的独轮车、马车、汽车等都上大马路行走了。新中国成立前，孟塘村虽然被日本人烧过三次，但是村子的格局基本一直延续至20世纪70年代。

由于孟塘村紧邻汤龙大道，这是南京城外环主线大道，经过几次道路拓宽，使得孟塘村貌大变。2018年7月，孟塘主要老村将彻底被拆迁，这是经济建设的需要，应当理解，但作为孟塘村人，对这里的一草一木却都有着刻骨铭心的情感。孟塘是我老家，是祖茔之地，我为家乡的变化而高兴。但是，朴素的情怀，让我时时想起往事，想起童年，想起父母兄弟，想起儿时玩伴，想起往昔的孟塘村。

南京从事旅游教学的著名教授郑云波先生，曾经对我说过："孟塘这一带就是南京的小九寨沟，是南京旁边的后花园，其旅游前景十分看好。"我为我生在这里而自豪，为家乡的发展而高兴。

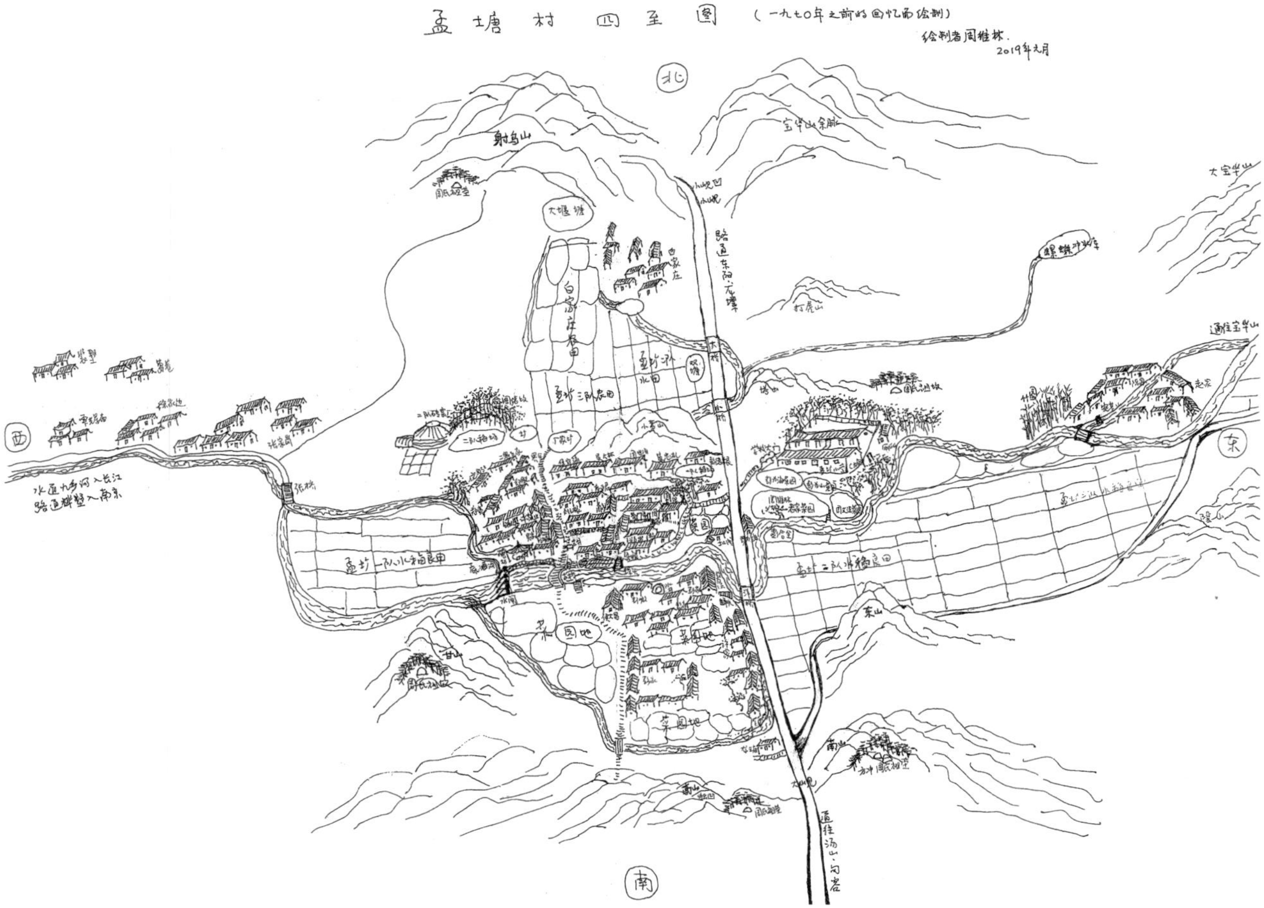

1970 年之前的孟塘村四至图

2017年的孟塘村照片

第五节

唐代出土墓志铭中部分汝南周氏先祖

史籍记载固然非常重要，然而出土实物墓志铭记载则更为重要、更为可靠。汝南周氏是名门望族，分支众多，人才辈出，但死后能留碑，碑刻又曾出土，又被文史工作人员发现确实是较少的，特别是唐代之前的更为少见，根据1992年上海古籍出版社出版发行的《唐代墓志汇表》统计，涉及周氏墓志有22通，属于汝南周氏者有12通，亦足见汝南周氏的地位显赫了。下面是部分碑刻记载的周氏人物：

周仲隐（627—649），汝南周氏，《唐周仲隐墓志铭》载：周仲隐祖父为周法暠，唐代为兴冠武将军、南康郡内史、临蒸县开国公，食邑二千户。周仲隐父为周罗睺，南朝陈时，曾封为雄信将军、散骑常侍、太仆卿，归降隋朝后，因战功卓著，被封为武侯大将军、义宁郡开国公，食邑一千五百户，谥号壮公。周仲隐本人曾先后封为隋朝房陵郡东曹掾，唐朝柱国，平州、蓬州刺史，大将军，平舆县开国公，食邑一千户，其后分别以使持节、将军身份为浦州、雅州、唐州刺史。

周绍业（656—661），汝南周氏，《唐故宣义郎周绍业墓志铭》载：周绍业曾祖（太爷爷）周灵起，曾为南朝梁代散骑常侍、桂州刺史、仪同三司、车骑大将军、礼部尚书、梁城郡忠壮公；父亲周法尚，曾任隋朝金紫光禄大夫、左武卫大将军、卫尉卿、谯郡父僖公，他被后人评为隋唐十七将之一，是为军事奇才。

周道务（682—683），汝南周氏，据《临川郡公主墓志铭》载：周道务曾封为驸马都尉，娶唐太宗之女临川长公主为妻。

周诚（713—741），汝南周氏，据《大唐故朝议郎行监察御史周府君墓志铭并序》载：周诚，汝南平舆人，曾祖父周和举，曾任左散骑常侍、宣州刺史；祖父周仁廓，利州刺史；父亲周绍，曾任金州西城县丞。周诚以孝廉擢第，先后任会稽丞、告城簿。长子进士擢第，次子周适、周仲龟，皆有志节。

周著（827—835），汝南周氏，据《唐鄂州永兴县尉汝南周著墓志铭》载：周著，汝南人，曾祖为周玄达，曾任户部尚书；祖父为周释否，曾任京兆府美原尉；父亲周容，曾任洺州鸡泽尉。周著早年举孝廉，元和年间为晋州霍邑尉，转鄂州永兴尉。

以上就是部分唐代出土墓志铭中记载的汝南周氏先祖情况，这些先祖的墓志铭让我们了解到一些史籍中没有记载的部分周氏族人的事迹，从这些资料中，我们能够获悉周氏家族的来龙去脉及婚姻状况，最终目的是补充史料的不足，让我们对先祖有更多的了解，以便更加珍惜先祖的荣耀。

后　记

《南京句容汤山周氏谱系求实》书稿就要交付南京出版社了，多年来的辛苦，总算没有白忙，从此，睡觉也会踏实安心了。

想起当年，竟敢贸然接手重写家谱的重任，多少有些不自量力，但好歹没有任何人给我时间限制的压力，我有“烂笔头”的习惯，凡是有关家谱，有关周氏的资料，我都一一收录放在一个匣子里，时间长了，竟然也有厚厚的一大匣子。20年来，家族的信任、家庭的支持，还有对周氏先祖的敬畏，无一不让我发奋努力。曾记得有一次，我与南师大的同学一起到陕西黄帝陵祭拜，我跪在先祖灵前，泪水竟然不由自主地往外流淌，当时我就发愿，一定要写好家谱，弄清自己的族源关系，不做一个糊里糊涂的周姓人。如今，终于完成了当初的心愿，虽然粗浅，不尽人意的地方还有不少，但构架基本完成，今后续写也会方便不少。

在这里，我要利用“后记”的机会，感谢那些帮助过我的人，如我的妻子王俊平，她一直以来，始终对我的工作予以极大的支持，还有原单位江宁区博物馆，只要是我提出的要求和事情总能给予帮助，如墓地的勘察与定位、碑刻的搬运等，原馆长许长生、现馆长刘文庆都能尽心尽力，给了我这个已退休的老人很大的面子。还有杨霖、茅磊、丁梦婷等都给予我很大帮助。特别是杨霖，家中孩子小，工作任务重，但只要是请她帮助或者打字，她总能愉快地帮忙，让我非常感激，还有考古队王志华、翟光浩等都予以了积极配合和帮助。

我特别要感谢的是：南京大学历史学院教授、博士生导师，南京大学文化与自然遗产研究所所长，第十三届全国政协委员贺云翱先生，他在百忙中为本书写了序言，给了本书极大的褒奖，让我愧不敢当；还有南京师范大学教授、博士生导师，文物与博物馆学系主任，原南京市博物馆考古队领队、主任，江苏省有突出贡献的中青年专家王志高先生，也为本书写了序言，还提供了不少新的资料；还有南京出版社社长卢海鸣先生，给我很大的精神支持，鼓励我不要放弃，中肯地为我提出宝贵意见，甚至改书名等等，这些我都一一铭记于心。

现在，我进一步认识到：欲想办成一件事，离不开大家的帮助与支持，哪怕是一句鼓励的话，都能让人激奋，在这里仅以“感谢”二字是不能表达我此刻的心情的。

南京汤山孟塘周氏第十一世周维林

2020年3月于“梅柏居”宅第